콘텐츠가

돈이다.

콘텐츠가 돈이다

지역문화예술관광 콘텐츠 정책
통합예술동작치유 콘텐츠

飛炅 강준영 지음

스토리하우스

──── 책을 내며 ────

　내가 글을 쓰게 된 처음 시작은 춤을 전공으로 공연예술을 하면서 ICT 융합 콘텐츠 기획제작을 한다는 것에 모두 이해가 가지 않는다는 의구심을 가지는 것에 대해 그들의 의문점을 해소하기 위한 도구였다.
　처음엔 SNS를(페이스북, 카카오스토리) 통해 짧고 간단명료하게 문화예술관광 콘텐츠에 대해 시리즈로 10편을 올렸으며, 그 후 다시 조금 더 발전시켜 또다시 업로드를 하며 내 안에 오랜 시간 축적된 생각들을 타인들에게 보여주기 시작하였다.
　박사학위 후 정체된 나의 분위기를 개선하기 위해 끊임없이 글을 조금씩 업로드 하게 되었던 것이 선명회계법인 회장님 이 나의 글을 적극적으로 지원하게 되어 치유무용 개발한 것을 시작으로 글 쓰는 기회가 주어져 매주 주기적으로 치유 관련 글을 쓰기 시작하였다. 그 후 또 다른 기회에 3개월간의 문화예술관광콘텐츠에 대한 글을 쓰게 되었다. 문화예술관광 콘텐츠에 대한 글은 SNS를 통해 짧고 단순하게 다룬 글을 좀 더 구체적이고 더 확장적으로 칼럼을 쓰게 되었다.
　처음에는 기분 좋게 시작하였으나 매주 마감을 맞춰야 한다는 절박함을 맛보는 순간까지도 한 번도 놓치지 않고 완료한 후 스스로 뿌듯함에 미소 짓기도 하였다.
　이 책은 칼럼 기고를 중심 뼈대로 하고 있어서 조금 건조하

―― 책을 내며 ――

고 날카로운 글 냄새를 풍기고 있다. 유년 시절 회고에서는 조금 부드러울 수 있겠지만 칼럼 특유의 건조하고 딱딱한 문구는 너그럽게 이해해주기를 바랄 뿐이다.

첫 번째는 문화, 예술, 치유, 관광 콘텐츠 산업에 관해 이야기를 하였다. 30년 넘게 춤 공부하며, 공연 예술을 하며, 제자들 경연대회 챙겨주며, 전국으로 해외로 다니며 보고 듣고 생각한 것들에 대한 분석적 사고를 옮겨 놓았다. 더더구나 아직도 우리나라는 문화예술관광콘텐츠를 구체적인 산업화로 이끌지 못한 것에 대해 좀 아쉬움이 많아서 문화예술관광 콘텐츠에 대한 것을 구체적으로 다루려고 했다. 크게는 정책적으로 얘기하였고, 작게는 아주 섬세한 부분까지 제시하며 실제로 현장에서 이뤄질 수 있도록 하였다.

두 번째는 대변혁을 가져온 코로나 19의 영향으로 급변하는 세계정세에 맞추어 문화예술관광콘텐츠 중의 춤 예술을 통한 치유산업에 관한 이야기이다. 대체요법이 공론화되고 치유산업으로서 좋은 반응이었다면, 코로나 이후 치유 관련 산업은 더 많은 연구와 다양한 모습으로 성장할 것이라고 본다. 나는 전통춤을 추는 무용학자로서 한국무용의 통한 치유무용을 개발하게 되었다. 그것을 중심으로 칼럼을 기고한 것이 중심이 되어 세 번째 부분을 진행하였다. 사실 이 부분은 동양 철학사상과 현대물리학 즉 양자물리학의 기본개념을 아주 쉽게 풀어 물리적 힘이라는 표현으로 이야기를 전개하였다. 알아차림 현상을 모든 이들에게 쉽게 전달해야 한다는 목적으로 어려운 용어는 되도록 삼가고 쓰지 않으려고 노력하였다.

세 번째는 유년 시절 회고 부분에는 지금의 나를 있게 한 중심이고 뼈대이다. 자라온 환경과 부모님, 형제들 그리고 대가족의 변화무쌍함 속에서 큰 숲을 보는 사고가 생겼는지도 모른다. 나의 사고 창고를 이해하려면 유년 시절의 다양한 변화를 이해해야 지금의 나를 이해할 것 같아서 길지 않게 나의 무의식을 보여주고 싶었다. 유년을 회고하면서 미소 짓다가, 눈물도 흘리다가 스스로 심리 해소가 되는 듯해서 좋은 점이 더 많았다.

이제는 문화예술관광산업이 매력적으로 거듭나야 한다고 본다. 이전에도 문화예술관광산업이라는 이름으로 진행되었다고는 혹자들은 얘기하겠지만, 우리나라는 진정한 산업이라는 구도는 제조가 중심을 잡고 있고 보편타당한 사고에는 늘 그렇다. 앞으로는 문화예술관광이 콘텐츠로 산업화의 중심이 될 것이다. 그리고 전 세계가 문화예술관광콘텐츠 산업이 중심 산업이 되어 경제를 움직일 것이라고 본다.

자국의 전통문화예술콘텐츠가 세계적인 브랜드가 되고 그것에서 확장적인 새로운 콘텐츠가 생성되어 산업이라는 구조 속에

―― 책을 내며 ――

서 경제를 움직일 것이다. 자국의 전통문화예술과 과학, 디지털 기술과 멋진 융합은 가장 한국적인 콘텐츠로 코로나 이후 경제를 활성화하는 좋은 모델이 될 것이라고 본다.

콘텐츠를 잘 경영하는 사람에게는 돈이 따라서 온다. 콘텐츠는 무한대이다. 단일의 개념보다 융합으로 새로운 개념을 만들어야 한다. 지금도 SNS를 통해 무한대의 콘텐츠가 쏟아져 나오고 있고 그 속에서 억대의 수입을 자랑하는 이들이 많다.

나는 뭔지 모를 씩씩함이 늘 많다. 단지 내가 좋아하는 것에만 그렇다. 이 책을 쓰기까지 다음과 같은 생각과 실천으로 살아왔던 것 같다.

많은 여행과 많은 사람과 소통하고 많은 책을 읽어라. 자기가 좋아하는 것으로, 마음이 가는 데로 그냥 가보라. 답은 없다 답은 내가 만드는 것이다. 순간순간이 답이다. 숲을 보라 미세한 혈관까지 한눈에 볼 수 있는 사고가 있다. 세상에는 나쁜 일 말고는 다 할 수 있다.

어릴 때 친구가 나를 본 회고는 "참 불안해 보여서 어른들이 말하는 안정된 직장도 없이 뭔가를 계속 찾아다니는 모습이 근데 그게 지금 와서 보면 네가 맞았어, 나는 안정된 직장에서 바보처럼 살았던 것 같아 네가 맞았어"라고 했다.

삶을 포기하고 싶을 때가 수없이 많았지만, 가족이라는 울타리가 보호와 성숙을 함께 가져다준 것 같다. 이 책의 고마움을 가족에게 바칩니다. 또한, 책을 쓸 수 있게 격려해주시고 춤추는 걸 고등학교 때부터 격려해주신 은사님이신 손중달 선생님께도 감사의 마음을 전달합니다. 지방에 숨은 인재라고 칭찬과 격려로 칼럼이라는 신세계를 접할 수 있게 해주시고 칼럼을 통해 이 책의 모체가 될 수 있도록 뒷심을 받쳐 주신 이승희 교수님께 감사드립니다. 몸은 멀리 떨어져 있지만, 마음과 통화로 늘 가까이서 지켜봐 주고 음으로 양으로 응원과 지원으로 제자 사랑을 아끼지 않는 단국대 무용과 김선정 교수님께도 가슴 깊숙이 고마움의 마음을 전달합니다. 또한, 오랜 시간 의리로 내 옆자리를 지켜주는 예락 팀원들에게도 감사의 마음을 전합니다.

　여기에 함께하고 있는 사진 중에 첫 번째 두 번째 장에 올라 있는 사진은 나의 오형제 중 막내가(사진 :Aero Kang) 사진작가로 활동하고 있어서 사진 부탁을 했더니 흔쾌히 허락해 준 멋진 사진이다. 조금 건조한 글을 읽다가 안구 정화도 하고 두뇌 환기 좀 하기를 바라는 마음에 함께 하게 되었다. 사진에 대한 저작권은 Aero Kang 에게 있음을 밝혀둔다.

2022년 4월
飛炅 강준영

목차

PART 01

춤추는 역마로 본 문화·예술·관광 콘텐츠 / 13

지역의 보석 같은 콘텐츠 / 17
지역 문화예술 콘텐츠의 매력도 점검 ·················· 18
지역 전설은 고부가가치 판타지 콘텐츠 ·················· 22
지역민 삶의 환경이 콘텐츠다. ·················· 25

인프라의 새로운 해석 / 28
근대 문화는 고부가가치 자산 ·················· 29
신공항과 문화예술관광 통합 콘텐츠 ·················· 32
ICT융합 문화예술관광 콘텐츠 ·················· 35
가장 한국적인 예술치유 관광 복합 타운 조성 ·················· 40

디자이노믹스 콘텐츠 / 48
도시 전체가 통합된 콘텐츠 디자인 필요 ·················· 50
체류 콘텐츠가 경제다 ·················· 54
감성과 판타지 콘텐츠 ·················· 57
콘텐츠 연결, 길 위의 풍경을 선물하라 ·················· 60

치유콘텐츠의 시대 / 67
코로나 이후 전통예술의 새로운 재해석 필요 ·················· 68
예술을 더한 치유산업 콘텐츠 ·················· 71

PART 02

통합예술동작 치유콘텐츠 / 75

몸을 열다 / 81
면역력이 저하되면 우울함이 함께 찾아온다 ·················· 81
느림의 미학으로 되찾는 행복! ································· 86
건강은 비로소 통합을 통해 완성된다 ························· 90
심리적 위축으로 형성된 근육 갑옷 ··························· 94
코로나 블루 치유-한국무용을 통한 치유무용 개발 ············ 97
일상생활에 사용하지 않는 춤. 예술 근육 활용의 지혜 ······ 101
인체의 중심축, 예술 동작 치유를 통한 코어근육 강화 ······· 105

마음을 열다 / 109
인공지능 시대 휴먼테라피가 답이다 ························· 109
성공이라는 정상에 있어도 자기 자신을 모르면 불행이다 ····· 113
내면경영! ·· 117
물리적 환경에 사는 우리의 지혜로운 내면경영 ·············· 121
통찰, 직관을 깨우는 방법-타고난 기질의 보완 ·············· 124
한국무용을 통한 감성몰입과 진동 치유 ······················ 127

CEO의 내면경영 / 131
CEO의 보이지 않는 눈물 ······································ 131
CEO의 건조한 삶을 따뜻하게 충전할 곳이 필요하다. ········ 134

목차

순환 & 소통 / 137
- 귀인(歸人) ··· 137
- 우리가 사는 세상의 힘 ·· 141
- 삶의 신호등 ··· 144

PART 03

삶의 시작과 콘텐츠의 만남 / 147

아쉬운 종갓집 맏손녀 / 149
- 달갑지 않은 세상과의 첫 만남 ··· 149

아빠의 유고와 집안의 몰락 / 154
- 부도 ·· 154
- 삼청교육대 피해자 ·· 157
- 맏딸 그리고 희생 ··· 160
- 돈 벌며 공부하며 ··· 163

병명 없는 신체통증과 춤추는 역마 / 166
- 원인모를 두통과 공황장애 ·· 166
- 춤추는 역마살과 세상보기 ·· 171
- 숲을 보는 사고와 분석력 ·· 173
- 참고자료 ··· 177

PART 01

춤추는 역마로 본 문화·
예술·관광콘텐츠

오랜 시간 돌아다니며 공부하고 일하다 보니 세상 보는 눈을 나 스스로 많이 훈련 시켰던 것 같다. 뭐든지 현상들을 그냥 무심히 넘기지 않는 특수한 뇌 기능으로 인해 보이는 것마다 생각하고 분석하게 되고, 생각한 것들이 뇌의 저장 창고 한곳에 아주 소중히 보관되어 있다가 필요한 시점이 되면 기가 막히게 다시 재생되어 현장 적용하거나 연구하는데 아주 좋은 자료로 사용된다. 남들은 시시콜콜하게 넘겨 버릴 것도 "왜?"라는 분석적 사고가 번득이며 순간 지나치더라도 기억 저장고에 자동 저장되기도 한다. 친구나 지인들과 나의 생각을 나누고자 할 때는 늘 듣는 소리는 "쓸데없는 소리 같은데~"라고 하거나 "그게 지금 우리에게 뭔 필요가 있는 거야?"라고 할 때가 많거나 아니면 아예 대화를 받아주지 않을 때가 많다는 것이다. 그래서 친구나 지인들은 나를 6~7차원 사고를 가졌다고들 판단하는 것 같다.

이곳의 이야기는 춤추는 공부와 일로 전국으로, 해외로 다니며 보아 온 것들을 칼럼으로 기고한 글들을 모아서 정리하였다. 점점 심각하게 줄어지는 출생률과 중앙 집중현상의 인구 유출을 통해 지방 소멸의 위기를 겪고 있는 지자체의 고민을 조금이나마 해결하는 데 도움이 되었으면 한다. 또한, 이 지면을 읽고 있는 젊은 세대의 사고를 확산시키는 기회가 되었으면 좋겠고, 특히 나와 같은 예술가들이 콘텐츠를 연구 기획하고 제작할 수 있는 아이디어를 샘솟게 하는 창구가 되었으면 하는 바람이다. 21세기는 문화예술관광산업이 ICT와 융합하여 새로운 개념의 신산업으로 거듭나야 할 것이다. 그곳에서 젊은 청년들과 일반 근로자들의 일자리 창출이 생성될 것이라고 본다.

지역의 보석 같은 콘텐츠

    우리 국토는 좁아서 지역마다 전통의 색깔이 비슷비슷하다. 그래도 지역의 기후와 토양, 지리적 요건에 의해 다양한 색깔의 문화와 예술이 먼 태고 때부터 고유하게 흘러 내려오고 있다. 우리의 문화는 유구한 전통이 새로운 색깔을 입고 신 전통을 만들어 가고 있으며, 지금도 새로운 글로벌 전통으로 새롭게 생성되고 있는 중이다.

    지역마다 오래되고 소중한 보석들이 숨 쉬고 있다. 지자체마다 소중한 보석들을 새로운 옷을 입혀 드러내 놓고는 있지만 글로벌하게 내어놓을 만한 콘텐츠로 세련되게 세공되지 않는 현상이라고 본다. 좀 더 개방된 사고와 글로벌 시장 안목으로 국내가 아니라 세계로 시선을 돌려야 진정한 고부가가치 콘텐츠가 될 수 있다고 본다.

지역 문화예술 콘텐츠의 매력도 점검

　근간에 지역 문화예술을 관광산업으로 활성화해 지역경제를 재건하고자 전국의 모든 지자체가 수많은 노력으로 집중하고 있는 실정이다. 다양한 문화예술 콘텐츠들을 다양한 방법으로 상품화하고자 하는 노력은 이미 오래전부터 젊은 청년예술인들의 도전으로 점점이 성과를 거두고는 있지만, 재정적 환경이 열악한 그들이 자본주의 사회의 밀물에는 항상 잠식되어 버리는 현상을 우리는 빈번히 보고 있다. 이는 콘텐츠를 생성해 낼 줄 아는 청년예술인과 투자 자본의 협력을 성공적으로 조력해 주어야 한다는 현상을 인식할 수 있다.

　지자체마다 자부심이 가득 찬 문화예술 콘텐츠를 매년 소비자들을 향해 내어놓지만 소비자들의 관심은 냉정하게도 그들만이 느끼는 매력을 찾아다닌다는 것이다. 그들만이 느끼는 매력도는 '갬성'이라는 신조어로도 대변이 될 수 있다. 갬성은 '개인적인 감성'을 뜻하는 요즘 시대의 새로운 단어로 출현했다. 개인적 감성! 보편타당하게 누구나 그럴 수 있는 것이 아니라 개인이 느끼고 그것을 솔직히 표현하는 것이다.

　지자체가 형성해 놓는 문화예술 콘텐츠가 그들의 갬성에 맞는 매력도를 얼마나 무장하고 있을까를 진단해야 한다. 디지털 매체가 발달하면서 서울 중심 중앙 집중형 콘텐츠가 젊은 소비자들의 매력 감성이 중심이 되는 현상을 인식해야 한다. 또한, 디지털 매체를 통한 개인 감성을 다양하게 표현한 콘텐츠들이 수많은 방법으로 업로드되고 있다. 디지털 노마드의 인생샷이 SNS로 업로드되고, 그들과 연결된 모든 이들은 그것을 통해 콘텐츠를 소통하고 구매하고 있다.

지자체에 콘텐츠를 기획 개발할 수 있는 젊은 인재를 영입하여 10대에서 40대의 젊은 감성을 이해할 수 있는 매력도 높은 콘텐츠를 생성할 수 있도록 하여야 할 것이다. 그리고 장르별 융합으로 기존의 콘텐츠를 여러 각도의 매력을 어필할 수 있는 상품으로 진화되어야 한다고 본다. 가성비가 좋은 매력, 고부가가치를 생성하는 매력, 투자 가치가 있거나, 자신의 인생에 특별한 기회를 줄 수 있거나, 오래된 것의 매력적인 리뉴얼, 현재와 옛것의 융합, 현대과학의 융합, 장르의 융합 등보다 넓게 융합한 문화예술 콘텐츠들이 상품으로 진화되어야 한다.

이는 문화예술에 상업 논리를 적용해야 하고 적극적인 대중화 개념의 인식이 필요하다. 문화예술을 산업과 관련된 주체로서의 인식의 전환이 필요하다. 문화예술의 과감한 차용과 제거, 아낌없는 투자, 디지털 미디어와의 융·복합, 옛것을 차용하여 현대적 감각으로 재해석하여 디자이노믹스를 실현해야 한다. 여기에 소비자 중심의 다양한 문화예술 콘텐츠의 과학적인 마케팅이 적용되어야 한다.

지자체 콘텐츠의 매력도를 높이는 방법은 내가 좋은 것이 아니라 그들이 좋아할 것들을 찾아내는 것이다. 지자체도 이제는 기업의 마케팅 방식을 적극적으로 적용하고, 콘텐츠기획 개발 전문가를 통해 지역의 문화예술 콘텐츠의 매력을 점검해 수정 보완해야 세계적인 관광도시로 진화할 것이라고 본다.

▲ 크로아티아 두브로브니크 구시가지

두브로브니크 구시가지의 아름다운 모습은 입소문과 사진을 통해 유명해졌다. 성곽에서 시가지를 조망할 수도 있고, 골목길을 걸으며 아름다운 유산과 현지인의 삶도 엿볼 수 있다.

지역 전설은 고부가가치 판타지 콘텐츠

2020년 6월, 경상북도 북부권 영양군의 미래발전 세미나에 참석하게 되었다. 영양군은 하늘이 내린 은혜로운 자연환경이 도시가 절대로 가지지 못하는 것들로 무장 되어 있었다. 지자체를 다니다 보면 그 지역의 특수성이 그대로 녹아 있는 지역의 문화예술들이 아직은 순박한 모습으로 지역민들의 무의식 속에서 잔잔하게 자리 잡고 있다는 것을 알 수 있었다.

영양군에는 천혜의 자연 말고도 영양군 지역에 전해져 내려오는 전설이 꽤 많이 있었다. 홈페이지에 게시된 것을 중심으로만 보아도 엄청난 콘텐츠 자료를 품고 있다는 것을 알 수 있었다. 우리 국토는 좁아서 각 지자체별로 비슷비슷하기는 하지만 그래도 그 지역만의 독특한 전설들이 전해져 내려오고 있는 것을 알 수 있었다.

본인이 청소년기에 드라마 콘텐츠로 전설의 고향을 본 것이 기억난다. 지금도 간간이 유튜브를 통해 지나간 영상을 볼 수가 있다. 예전엔 지역 전설을 '전설의 고향'이라는 콘텐츠로 보았다면 현재는 지역의 전설이 화려한 디지털 미디어 판타지 콘텐츠가 될 수 있다. 지자체의 역사와 지형적 배경을 중심으로 전설을 스토리텔링 하여 다양한 판타지 콘텐츠로 생성이 된다.

정부가 추진하고 있는 디지털 뉴딜정책을 문화예술관광산업으로 해석하자면 지자체의 전설을 다양한 디지털 미디어 판타지 콘텐츠로 연구 개발하면 좋을 듯하다. 애니메이션, 캐릭터, 디지털 게임, 미디어파사드, 홀로그램쇼 등을 적용할 수 있고, 그것을 중심으로 공연콘텐츠, 축제 콘텐츠도 개발될 수 있다고 본다.

정부 정책의 디지털 뉴딜 사업을 문화예술관광으로 해석하여 다양한 디지털콘텐츠를 연구 개발하려면, 먼저 젊은 청년 전문가들을 양성해야 하고 그들이 좋아하는 것들을 서로 협력, 융합하여 새로운 미래적인 콘텐츠가 탄생할 수 있도록 기성세대들은 조력해 주어야 할 것이다. 처음부터 잘 만든 콘텐츠는 없다. 수 없는 시행착오와 누적의 시간을 대가로 치러야 비로소 제대로 된 콘텐츠가 탄생할 것이라고 본다. 지자체에서 이 콘텐츠를 연구·개발·완성했을 때는 특허제도를 적극적으로 활용하여 다른 지자체에서 베끼지 못하도록 잠금장치도 필요하다고 본다.

지역에 산재한 전설들은 홈페이지나 지자체에 고스란히 잠들어 있다. 그 전설들을 멋지게 깨우는 스토리텔링이 필요하다. 지자체의 전설은 그곳의 뿌리이자 눈에 보이지 않는 정서라고 할 수 있다. 샤먼이라고 배척하던 시절은 이제는 그저 옛날 단어일 뿐이다. 현재는 우리의 뿌리와 토속정서를 잘 살려 그 지역만의 독특한 콘텐츠로 자리잡게 하여 지자체의 경제를 책임져야 할 위치에 와 있는지도 모른다. 현재의 젊은 청년들이 선호하는 디지털 미디어 산업이 지역의 전설과 협력하여 지역이 활기에 넘치는 공간으로 다시 살아나기를 바란다.

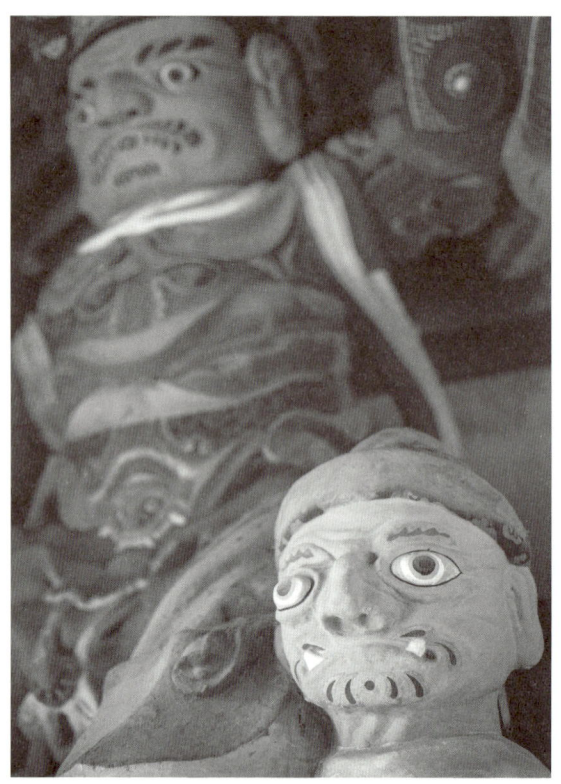
▲ 유네스코 문화유산인 마곡사의 사천왕상 중 광목천왕

　용신과 비사사신을 거느리고 서쪽 세계를 지키는 광목천왕, 야차와 나찰을 거느린 북쪽을 수호하는 다문천왕 등 사천왕상은 불교의 세계를 넘어 이미 게임과 드라마의 캐릭터로 이용되고 있다.

지역민 삶의 환경이 콘텐츠다.

　　지자체마다 외부 관광객을 유입시켜 경제성장을 도모하기 위해 새로운 문화예술관광 콘텐츠를 개발하기 위해 다양한 노력을 하고 있는 현상이다. 16일 자 전남 나주 기사를 보니 광주에서 나주에 대지를 매입하여 카페 사업을 하여 핫 플레이스로 뜨면서 카페 일대가 주말에는 200여 명 가까운 관광 소비자들로 그 지역 주변 환경에 들어오고 나가는 자동차들로 인한 좁은 도로통행 조건과 주차 불편으로 인한 거주민들과의 불협화음이 심각하다는 뉴스를 보았다.

　　지역민과 잘 융화되지 않은 콘텐츠는 늘 불협화음이 있기 마련이다. 거주민 즉 지역민들을 위한 정주 여건 개선, 특히 그 지역의 독특한 콘텐츠와 잘 융합하여 이루어지는 정주 여건 개선이 관광콘텐츠가 된다고 본다. 지역민들이 편하게 아름답게 살 수 있도록 환경을 개선해 주어 지역민들 스스로가 자기가 사는 그곳에 대한 자부심으로 더 아끼고 사랑하고 솔선수범하여 가꾸어 나가면 비로소 아름다운 관광 명소가 될 수 있을 것이다.

　　지역민들에 대한 다양한 콘텐츠 교육으로 외부 소비자들이 그곳을 찾았을 때 즐겁고 행복한 소통을 할 수 있도록 해야 한다. 특히 경상도 지방의 지역 특수성인 무뚝뚝함은 우리 모두의 노력으로 친절함으로 개선해야 한다고 본다. 경상도의 개성은 그대로 두더라도 친절한 이미지는 발산되어야 할 것이라고 본다. 예전보다는 많이 발전한 모습이지만 그래도 아직은 더 노력이 필요하다고 본다.

지역민들의 문화예술관광 정주 여건 환경에 대한 지속적인 교육으로 새로운 환경에 대한 적응도를 빠르게 전환할 수 있는 훈련이 필요하다고 본다. 사람은 나이가 들어갈수록 새로운 환경을 수용, 적응하는 속도에 느리기 때문이다. 젊은 세대들의 소비성향을 이해하고 함께 공감할 수 있도록 해야 젊은 관광 소비자들과의 불협화음을 최소화할 수 있을 것이다.

지역민을 위한 정주 여건개선은 아름다운 자신의 주변 환경을 다른 곳의 지인들과 소통하며 그들을 불러들이는 좋은 소통창구가 되기도 한다. 또한, 행복한 인생샷으로 SNS를 즐기며 외부인들을 그곳으로 불러들여 자연발생적인 관광인프라가 되기도 한다는 것이다. 행복한 삶은 자발적으로 모든 것을 수행하며 자신의 행복을 함께 공유하고 싶은 이들에게 전달하기도 한다.

지역민의 정주 여건 개선은 젊은 지역민들을 다른 지역으로의 이탈도 막을 수 있고, 타 지역민의 유입도 이루어질 수 있는 좋은 조건이 되기도 한다. 살고 싶은 도시는 굳이 대도시가 아니어도 소박하고 아름다운 매력적인 공간이 되어주는 것이 더 바람직한 관광인프라가 된다고 본다.

▲ 크로아티아 스타리그라드(Stari Grad)

　유럽인에게 유명한 휴가지인 흐바르, 그 섬 반대쪽엔 알려지지 않은 스타리그라드라는 작은 마을이 있다. 이곳은 유후인보다 삶의 매력이 넘치고 베네치아의 골목길만큼 흥미진진하다. LP판으로 장식된 골목을 흔드는 비트, 아름다운 하늘을 보다 창밖으로 삐죽 나온 현지인의 눈인사를 받을 수 있고, 미소 한가득한 얼굴로 돌진해 오는 자전거를 만나기도 한다. 바다를 품은 마을의 골목들은 독특한 세련미가 넘치고, 오랫동안 고귀하게 다듬어진 삶의 유산이 가득하다.

인프라의 새로운 해석

　우리나라 사람들은 조금 고루하고 낡았다 싶으면 무조건 다 부숴버리고 새롭게 건설을 해야 한다는 사고가 지배적인 것 같다. 새마을 운동의 여파로 인한 것일지도 모른다는 생각도 하지만, 지나간 시간의 흔적들이 모조리 다 지워지는 현상이 못내 아쉽다는 것이다. 오래된 전통문화도 중요하고, 근대 문화도 전통 못지않게 중요하다. 우리 모두의 역사를 그대로 간직한 문화인 것이다.

　아픔도 문화이고, 행복도 문화인 것이기에 모두의 현상을 수용하고 그대로 보존 계승해야 후세에 또 다른 전통으로 보존될 것이다. 그리고 문화예술관광에 대한 소극적 투자 규모와 획기적 기획력의 부족, 콘텐츠에 대한 인식력 부족, 지역인재들의 외면 등의 지역 부재의 현상을 극복하였으면 한다. 또한, 실험적이고 파격적인 면을 최대한 활용하여 정부 재원과 적극적으로 연계한 사업을 운영하였으면 하는 바람이 빠른 시간 내 시작되었으면 한다.

근대 문화는 고부가가치 자산

요즘엔 오래되고 낡은 것들을 싸악 밀어버리고 현대적 건물들을 세우는 것을 당연하다고 인식한다. 우리는 일본강점기와 전쟁을 겪은 후 '새마을'이라는 국토 쇄신 프로그램을 통해 지금의 대한민국을 이뤄냈다. 하지만 이제는 그렇게 해야 할 현상이 아니라고 본다. 오래되고 낡은 것들을 새마을 방식으로 밀어버리고 사라지게 하면 안 된다. 전쟁 이전의 전통과 역사가 문화재청을 중심으로 존재하고 있다면, 전쟁 이후의 근대 문화는 지역 곳곳에 살아 숨 쉬는 고부가가치 자산이다. 지자체 스스로가 새롭게 리뉴얼(Renewal)해서 근대 문화유산들을 지켜내야 한다.

리뉴얼이란 기존의 것을 있는 그대로 새롭게 만든다는 것이다. 기존의 것을 그대로 살리고 현대적 감성을 입혀 그것이 생성된 그때 그 시절의 감성과 지금의 세련되고 편리성을 함께 누릴 수 있게 만들어야 한다. 현재 트렌드 중 레트로(Retro)는 과거를 그대로 수용하고 현재적으로 해석하여 과거의 향수를 느끼게 해주는 것이다. 현재의 젊은 청년들은 레트로 감성에 푹 젖어 들어 복고풍의 디자인 옷을 입고 낡은 한옥을 개조한 카페를 찾아다니며 자신들이 경험하지 못한 복고를 감성화시키고 있다.

지역마다 지역의 오랜 전통과 근대, 현재가 혼재되어 그곳의 독특한 문화예술을 담고 있다. 오래되고 낡은 것들을 부숴버리고 새로운 것을 들어서게 하는 것이 아니라, 오래되고 낡은 전통을 현대적 감성으로 리뉴얼해야 된다. 오래된 건물은 그것을 그대로 살려 현대적으로 재해석하여 감성적으로 리뉴얼하고, 오래된 길은 그때 시간을 그대로 살려서 더 아기자기한 이야기가 가득한 길로 리뉴얼해야 한다. 그 지역의 문화예술은 있는 그대로 새로운 현대적 감성을 입혀 고부가가치 관광자산으로 거듭나게 해야 한다.

그 지역의 오래된 시간의 역사와 전통, 독특한 아름다움이 사라지지 않으려면 지역의 전통문화예술을 그대로 살려 리뉴얼하고, 지역의 특색을 살린 개발이 필요하다. 난개발을 억제하고 자연을 그대로 살려 그곳의 지역적, 지형적, 기후 등이 어우러져 그 지역의 통합된 문화예술 콘텐츠로 매력을 지녀야 할 것이다. 그렇게 이룩하고자 하려면 오랜 시간 머무는 전통과 역사의 흔적들을 그대로 수용하면서 리뉴얼하여 근대시간에 형성된 근대문화예술까지 새로운 감성으로 접할 수 있게 해야 한다.

오래된 이야기가 가득한 길, 오래되고 낡은 집, 특히 사람이 떠난 빈집, 지역의 문화예술, 지역의 자연, 그 지역의 전통, 역사 등을 있는 그대로 살려 현대적 감성으로 리뉴얼하여 고부가가치 관광콘텐츠로 거듭나야 할 것이다. 사람들이 경험하지 못한 것들을 경험하게 하는 것은 거대한 조형물이 아니라, 이야기가 가득한 소소한 콘텐츠들이다.

　점점 사라져가는 우리의 근대 모습을 재현해 놓은 박물관의 근대거리길, 영화나 드라마의 소재로 자주 등장해 매력적인 근대 모습을 보여준 촬영공간은 이미 국내외 관광객의 여행코스 중 하나가 되었다.

신공항과 문화예술관광 통합 콘텐츠

　신공항이 새로 자리 잡을 곳이 선정됐고, 대구·경북 행정통합 여론이 점점이 일어나고 있는 요즈음이다. 행정통합이 이루어지면 문화예술관광도 자연스레 통합이 이루어지겠지만 행정통합 이전에 문화예술관광 시스템을 먼저 연계 통합한다면 행정통합의 시기를 더 앞당길 수 있다고 본다.
　신공항이 들어서기 이전에 문화예술관광 시스템을 대구·경북을 통합 연계하여 관광 상품으로 연구 개발하여 다년간 축적되면 신공항이 가동될 때 즉각적인 경제효과를 볼 수 있을 것이다.
　대구와 경북이 서로 연계된 문화예술관광 흐름을 끊기지 않게 그대로 연결 시스템화해 입체화하는 작업이 필요하다고 본다. 역사적으로 지리적으로 분절되지 않고 물 흐르듯 자연스럽게 연결되어야 소비자들의 욕구에 맞는 품격 높은 콘텐츠가 개발될 것이라고 본다.
　하드웨어만 서로 떨어져 덩그러니 놓인 것들을 스토리텔링으로 연결하고, 대구·경북의 역사적 신화적 이야기를 한 줄기로 엮어 대구·경북 모든 시군과 함께 넘나들 수 있도록 해야 입체화된 문화예술관광 콘텐츠가 될 수 있다.

대구와 가장 가까운 고령군에 대가야의 역사와 흔적들이 산재해 있고 또 그곳의 많은 분의 노력으로 대가야의 다양한 문화예술관광 콘텐츠를 개발하였다. 대구의 유네스코 음악 도시 콘텐츠와 고령 우륵의 빛나는 전통가야금과 전통예술이 연계된다면 세계적인 글로벌 콘텐츠로 도약할 멋진 기회가 될 수 있다고 본다.

그 외 지역에서도 역사적인 흐름이 분절되지 않게 그대로 연결되도록 노력하면 좋은 성과를 가져올 것이다. 그 예로, 경상감영 시스템의 입체화, 낙동강의 옛 '낙동 나루'의 입체화 등 다양하게 문화예술관광 콘텐츠를 대구·경북 통합으로 엮어 나갈 수 있을 것이다.

크고 작은 시군의 고민을 들어 보면 산재해 있는 콘텐츠들을 연결하여 매력적인 하나의 사이클로 만드는 것이다. 힘 있고 뼈대가 되는 콘텐츠를 중심으로 작은 것들을 연결해 나가야 한다. 잘 나가는 콘텐츠도 혼자서는 빛을 발휘하는 기간이 짧다. 서로가 연결되고 잘 엮어져야 지속해서 생명력 있는 콘텐츠가 된다.

대구·경북의 행정통합 여론이 뜨거워지듯, 그동안 분절되었던 대구·경북의 문화예술관광 통합 시스템으로 기존의 콘텐츠는 입체화되어 더 강력한 힘을 얻게 되고, 크고 작은 시군들과 연결되면 소비자에게 매력적인 새로운 콘텐츠가 생성될 수 있을 것이다. 이곳에는 대구·경북의 도전하는 젊은 청년들이 함께할 때 더 값진 성과를 이룰 수 있을 것이다.

▲ 군위 인각사

　　대구 경북 통합 신공항이 들어설 군위군에 자리한 인각사. 신라 선덕여왕 643년 원효대사가 창건하였다.

ICT융합 문화예술관광 콘텐츠

지난 19대 정부는 디지털 뉴딜이라는 정책과제의 새로운 디지털 혁명을 얘기하였고, 2021년 초부터는 메타버스 환경에 새로운 삶을 향유 할 수 있는 콘텐츠가 대세로 떠올랐다. 코로나 시대를 거치면서 비대면 디지털 서비스가 강하게 발전하게 된 이유이다. 다른 이면에는 코로나현상이 일상과 함께 하면서 갇혀 있던 소비심리를 해소 할 수 있도록 디지털 융합 오프라인 Show 콘텐츠의 개발 적용을 발 빠르게 움직여야 지역 관광산업을 선점 할 수 있을 것이다.

문화예술관광 산업도 ICT 융합을 통해 더욱 적극적인 디지털 뉴딜정책의 궤도에 올라타도 좋을 듯하다. ICT 융합이라는 기술의 진보는 소비자, 생산자 모두를 이롭게 할 것이라는 기대하게 한다. 접근성이 쉽고, 매력적이고, 다양한 콘텐츠를 경험할 수 있도록 하면 문화예술관광 산업 전반에 기대하지 못했던 경제성도 확인할 수 있을 것이다.

향후 우리 삶은 디지털과 불가분의 관계에 놓일 것이다. 디지털 속에서 일과가 진행되며 소통 역시 디지털화할 것이다. 그렇기에 문화예술관광 콘텐츠가 지향할 바는 자명하다. 기술 활용에 난관이 있더라도 다양한 ICT 융합으로 소비자의 눈높이에 맞춘 콘텐츠 개발을 진행해야 한다.

필자가 2016년 한국콘텐츠진흥원 IT 융복합 콘텐츠 제작 지원 공모에 당선돼 개발된 'K-Arirang Show'는 우리 전통춤과 전통 연희에 ICT를 융합한 것이었다. 전통춤 의상, 무용 소품, 전통 연희 소품에 LED를 디스플레이했다. 무선 와이파이 통신으로 조절하는 방식으로 무대 연출에 적극적으로 활용했다.

그 당시 의상에 LED 디스플레이가 적용된 사례가 극히 드물고 무용수가 의상을 입고 동작을 연출하기에 필요한 가장 유연한 매체가 없어 수 없는 시행착오가 발생하기도 했다. 마침내 연구 개발된 것을 무대에 올려 결과물을 눈으로 확인하고서야 모두가 융복합 콘텐츠가 왜 필요한지 수용하고 인식하기도 했다.

ICT 융복합으로 새롭고 다양한 콘텐츠가 탄생하면 더불어 관련 산업도 발전할 것이다. 공학도와 예술가의 협업으로 탄생하는 ICT 융복합 콘텐츠에 힘을 실어줄 수 있는 정책 연계도 필요하다. 문화예술관광 분야와 ICT 분야 두 곳의 협력적인 연계가 더 절실하다. 현장에서 가장 힘들었던 때는 서로 다른 부서 실무자들을 만나며 설명하고, 설득했던 수많은 시간이었다.

ICT 융복합의 옷을 걸친 문화예술관광 콘텐츠는 미래를 위한 준비라고 본다. 소비자는 화려하지만, 품격 있고, 매력적인 감동을 지닌 콘텐츠를 찾아 모바일 서핑을 한다. 코로나 이후 보복 소비(revenge spending)의 시간을 문화예술관광 산업에 종사하는 모두가 미리 준비해야 할 것이다.

콘텐츠 개발에 좀 더 적극적으로 반영될 수 있도록 세부적으로 ICT 융합 쇼(Show) 콘텐츠에 대해 언급해 보기로 한다.

■ 배경 및 필요성
- 지역으로의 관광객 유입 매개인 킬러 콘텐츠를 제작한다.
- 지역의 풍부하게 잠재된 문화예술 콘텐츠를 상품화하여 경제 활성화해야 한다.
- ICT 융·복합을 통한 대한민국 대표 브랜드, 글로벌 콘텐츠로 도약한다.

ICT 융합 콘텐츠 개발 연구의 필요성 및 목적

잠재적 Contents	세계적 공감대와 독점적 신시장 및 고부가가치 창출 산업 저성장 극복 / 차세대 경제 활성화 리더
Multi Use 상품개발	순수예술위주 공연 탈피 / 다양한 첨단 기술접목 현대 과학기술과의 융합 통한 창조적 계승발전
독자적 Marketing	전통적 전설의 원형 복원을 넘어 산업적 가치 재발견 창의적 아이디어+신기술 접목=현대적 재해석, 재창조

- **지역의 전설을 콘텐츠로 기획제작.**
    - 유료 관람을 통한 경제 활성화.
    - 전통 예술과 스토리텔링.
    - 전설을 ICT 융합하여 경북을 대표하는 빅Show로 기획제작
        - 대한민국을 대표하는 글로벌한 관광 상품으로 기획제작.
        - 홀로그램, CG, LED 디스플레이를 통한 연출, 영상합성기술 MR(혼합현실), 와이어 기술 외 최첨단 무대기술 적용.

    - 관광 Show 전용 극장 조성
        - 극장 운영 규정에서 벗어나 최첨단 기술을 원활하게 사용하여 판타지 감성을 연출하기 위해 필수요건.

    - 지역민을 활용한 출연자 교육 훈련하여 지역민 일자리 창출을 도모.
        - 주요 출연진은 공연 전문가를 공개 채용 일자리 창출.
        - 그 외 출연진은 지역민을 공개 채용 후 전문 교육과 훈련을 통해 무대 출연진으로 육성하여 지역민이 직접 콘텐츠를 운영 일자리 창출 효과를 높인다.

- **기대효과**
    - 오지 지역으로의 관광 소비자들의 유입 매개.
        - 다양한 매체 홍보를 통해 오지 관광의 핵심 매개체가 된다.

- 지역 전설을 활용 ICT 융합 킬러 콘텐츠 기획 개발로 대한민국 대표 브랜드, 글로벌 관광콘텐츠로 도약
  - 가장 한국적이면서 가장 세계적인 Big Show
  - 유류 공연으로 지역 경제 활성화.
- 지역민을 출연진으로 공개 채용 훈련 교육을 통한 일자리 창출
  - 중요 출연진을 전문가 채용을 통한 일자리 창출
  - 비중이 크지 않은 부분은 지역민을 공개 채용, 교육과 훈련을 통해 무대 출연진으로 양성 일자리 창출 효과 확대
  - 지역민의 콘텐츠 구성원으로 합류는 콘텐츠에 대한 지역민의 애착 유발을 통한 콘텐츠 발전과 협력에 적극적으로 대응하는 효과를 높인다.

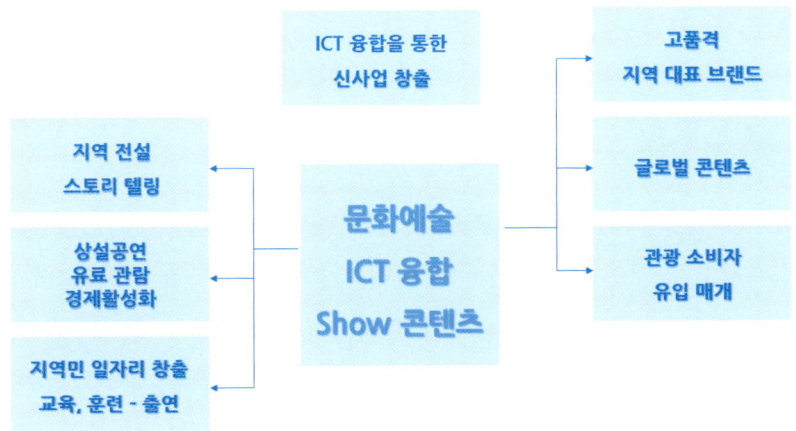

가장 한국적인 예술치유 관광 복합 타운 조성

융합이 대세다. 트렌드이기도 하지만 창조적 미래 산업을 위해 정부가 적극적으로 주도하기도 한다. 기존의 단일한 상품들이 서로 협력해 새롭고 다양한 제품들로 변신하면서 소비자의 호감을 끌어내고 있다.

그러나 여전히 일부에서는 지역 문화정체성을 알리기 위한 하드웨어들이 단일한 이야기를 중심으로 구성되어 홀로 덩그러니 외롭게 있다. 인문학적 텍스트 중심 구성, 입체적이지 않은 단면적 모니터 활용 등 박물관 형식의 정적인 하드웨어도 적잖다. 각 지역 콘텐츠의 중요성을 부각한다는 게 이유다. 문화예술관광 시스템에도 융복합타운 조성이 절실한 대목이다.

이를 위해 역동적이고 화려한 대중매체에 길든 현대적 사고와 해외 관광 등으로 콘텐츠를 보는 눈이 넓어진 소비자들에게 어떻게 대응할 건지 고민해야 한다.

디지털과 예술을 적극적으로 적용해 지역 콘텐츠 하드웨어의 단순하고 정적인 콘텐츠를 역동적이고 화려하게 바꿔 현재와 미래 소비계층에게 소통될 수 있어야 한다.

체류 환경을 만들어 경제 활성화를 꾀할 수 있다. 그러려면 예술인들이 주거와 창작을 동시에 할 수 있는 레지던스 시스템과 소비자의 숙박을 겸한 복합타운 조성이 필요하다. 이와 연결된 다양한 소비시스템이 자연스럽게 이어져 지역의 관광 핫 플레이스로 진화하게 되는 것이다.

예술과 지역의 독특한 자연환경을 활용한 치유산업이 융합해 소비자가 머무르며 치유와 관광을 함께 할 수 있는 복합타운은 새로운 관광콘텐츠 산업이 될 것이다.

가장 한국적인 매력을 가진 공간도 필요하다. 현재의 문화예술 관광 소비세대는 10~40대가 주류를 이루고 있다. 이들은 우리 전통과 관련된 문화 현상에 더 매력적으로 접근하고 있다. 글로벌 관광 마케팅을 위해서도 가장 한국적인 콘텐츠를 더 많이 적용해야 한다. 그러면서도 현대적 감성을 적극적으로 반영해야 국내외는 물론 현재 세대와 미래 세대를 만족시킬 수 있다.

가장 한국적이고, 지역 문화 정체성 중심의 전시와 공연이 사계절 운영되고, 생동감 있는 복합타운은 소비자에게 매력있는 콘텐츠로 입력되어 소통될 것이다. 이곳을 통해 다양한 소비트렌드가 다시 형성되어 확대 재생산의 효과를 누릴 수 있다고 본다.

30년 동안 일하면서 보고 느낀 문화예술관광 콘텐츠에 대한 견해를 이야기할 수 있어 행복했다. 마지막으로 매일춘추를 쓰며 새로운 꿈을 꾸게 된다. 최악의 순간은 늘 최고의 기회를 만들어 낸다는 것을. 힘든 시기를 모두 지혜롭게 이겨내기를 바란다.

■ **배경 및 필요성**
- 오지 지역은 도심과 원활한 상권과는 반대로 농, 산촌의 1차 산업으로 구성되어 있고, 젊은 인구의 비율이 떨어져 서비스 산업 품질이 낮아 상권의 발달을 가져오지 못하고 있는 현상이다.
- 오지 지역의 잠재된 콘텐츠는 무수하게 많은 데 비해 콘텐츠를 산업화하여 지역 경제 활성화에 필요한 확대 재생산 콘텐츠기획 개발 및 조성이 필요한 현상이다.
- 오지 지역의 자연친화적 환경을 적극적으로 활용한 치유산업 콘텐츠를 기획 개발하고, 그것을 활성화하기 위한 예술, 숙박 등 소비자 감성 중심의 연계 서비스 타운 필요

■ **사업 내용**
- 숲을 그대로 간직한 한옥 숙박 시스템 조성
  - 이동시간이 많이 소요되는 오지 마을 특성을 잘 살려 콘텐츠를 접한 후 여독을 풀 수 있는 환경제공
  - 숲을 그대로 적용, 조경 조림을 통한 이미지 극대화를 위한 기간 단축 및 비용 절감의 효과.
  - 전통 한옥에 현대적 감성을 입혀 10대~40대 젊은 소비자의 감성을 느낄 수 있는 공간 제공.

- 전통 한옥 시스템을 통해 가장 한국적인 색채로 글로벌 마케팅 활성화.
- 조성 후 TV 예능 프로그램과 연계 협력 마케팅.

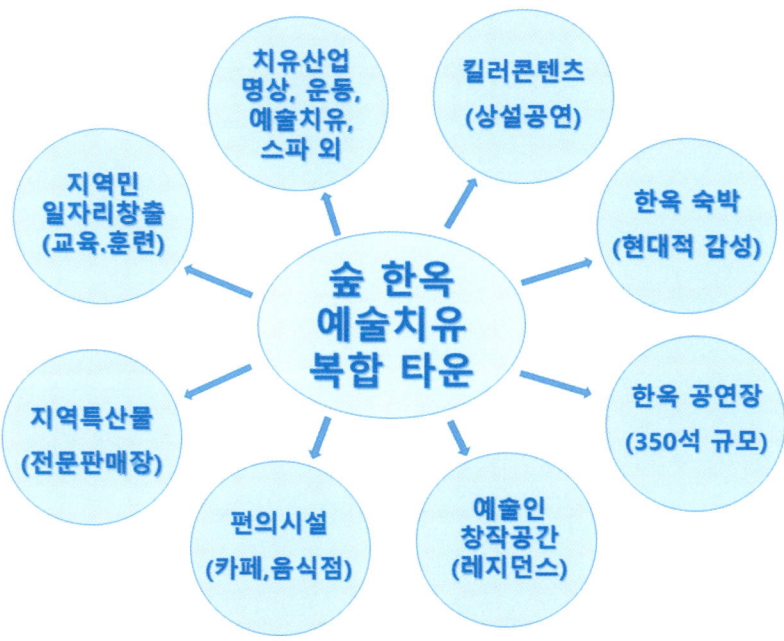

- 오지 지역의 특성을 살린 치유 콘텐츠 기획개발 및 한옥 치유 공간 조성
  - 산림, 농업자원을 활용한 치유 콘텐츠 개발, 산림자원과

체험, 운동, 트레킹 등 소비자가 동적으로 참여할 수 있는 콘텐츠.
- 한옥 숙박 시스템과 연계하여 치유 운동 프로그램, 예술치유 프로그램, 지역 생산되는 약재를 활용한 다양한 치유 체험 개발 및 적용
- 명상 치유 공간, 운동 치유 공간, 약재를 활용한 스파 공간, 마사지 프로그램 치유 공간, 예술치유 공간 조성
- 일반 소비자 힐링 치유 공간과 질병을 앓고 있는 소비자 공간을 분리 구성하여 조성

• 예술가들이 상주하는 레지던스 한옥 시스템 조성
- 지역 내 출신 지역 예술인 주거하며 24시간 예술이 숨 쉬는 공간 구성
- 다양한 장르 예술인의 주거와 창작 전시와 공연이 연중무휴로 진행 생동감 넘치는 공간 구성.
- 중견 예술인, 청년예술인들의 적절한 비율로 예술의 품격과 역동감이 혼용될 수 있도록 구성.
- 예술창작품의 전시와 판매 구매가 동시에 일어날 수 있도록 구성.

- 한옥 공연장 조성
  - 350석 규모의 한옥 실내 공연장 조성으로 품격 있고 상품성 있는 공연구성으로 유료관객을 위한 관광콘텐츠 공연 중심 공간 구성.
  - 야외 마당놀이 공연장 조성으로 버스킹 공연 및 다양한 행사 및 공연으로 생동감 넘치는 공간 구성

- 카페, 음식점 등 서비스 시스템 조성
  - 소비를 위한 관광객들에게 제공될 편의 시설 구성
  - 지역주민을 활용한 지역 상권 구성원 중심.-감성 충만 지역민 선발 과정을 통한 편의 시설 구성.
  - 현대적 감성을 위한 공간 구성을 위한 전문가와의 협업

- 지역 특산물 직거래 시스템
  - 지역 특산물의 홍보과 직거래 시스템 구성.
  - 지역 품격 높은 상품을 위한 품질 개선 및 마케팅(온·오프라인)을 위한 지역민 교육 공간 구성.
  - 지역 특산물 포장 이미지 개선 교육 및 포장재 개발 협력 체계 구축
  - 지역 특산물을 적용한 건강 푸드 개발 경연대회 실시 및 상품화.

- 지역 주민역량 강화 교육 및 복합타운 일자리 창출
  - 지역 거주민을 대상으로 한 복합타운 일자리 창출 교육 필요.
  - 소비자 욕구에 맞춘 다양한 서비스를 품격 있게 유지하기 위한 정기 교육 필요
  - 각 서비스 분야별로 전문가 초빙하여 현장에서 요구되는 실제적인 교육 필요

■ **기대효과**
- 지역의 산림, 농업자원을 전문 치유산업으로 기획개발 하여 지역민의 경제 생산성 활성화를 높인다.
- 오지 특성을 적극적으로 적용하여 전통 한옥과 현대적 감성을 살린 숙박 시설을 통해 핫 플레이스로 정착할 수 있다.
- 지역의 중견 예술인, 청년예술인들의 일자리 창출과 지역민의 관광 서비스 일자리 창출 기대효과를 높일 수 있다.
- 숙박, 놀이, 체험, 치유, 굿즈 상품 구매 등 오지 지역의 불편한 소비 현실을 매력적인 한 공간에서 동시다발적 현상으로 일으켜 집약적 소비 생산성을 높일 수 있다.
- 숲 한옥 예술치유 복합타운은 대한민국의 중심, 세계의 중심 콘텐츠로 도약할 수 있는 가치를 가지게 된다.

▲ 템플스테이, 법고

우리나라 전통 한옥 관련 대표 치유관광 상품이다. 세상의 모든 중생에게 법을 전하는 법고소리는 템플스테이 동안 맑아진 이들의 마음에 화두를 던져주기도 한다. 대다수의 템플스테이 참가자들이 가장 기억에 남는 순간으로 손꼽힌다.

디자이노믹스 콘텐츠

우리나라의 현재는 무언가 좋은 콘텐츠 아이템이 생기면 거기와 관련된 건물을 짓는다. 기념관, 박물관, 추모관, 체험관 그렇게 지어진 건물들은 별다른 매력 없이 그 콘텐츠를 기념하기 위한 공간으로만 존재하는 현상을 우리나라 전체에 비일비재하게 보고 있다. 참으로 씁쓸한 현상들을 보고 있노라면 뭐라고 말해야 할지 난감하기도 하지만 바른 얘기를 해도 들리지 않을 것으로 생각되어 그냥 관망하고 있다.

또한, 한 도시에서도 통일되지 못한 도시 디자인으로 시각적인 면에서 참으로 산만하다. 도무지 매력은 어디서 찾아야 할지 알 수 없는 도시의 구성이다. 사람들은 디지털 미디어를 통해 가상현실을 오가며 고감각으로 발달되어 있는데 실제 우리가 땅에 발 딛고 다니는 곳은 젊은 세대의 그것을 따라가지 못하는 현상이다. 그나마 수도권은 그 현상을 채워주니 감각 있는 이들은 모두 서울로 경기로 떠나가고 있는 현상을 정책적으로 해결하려 해도 속 시원히 해결되지 않는다.

　모두의 현상이 각기 따로 노는 산만함이 아닌 도시와 자연 모두가 하나의 감각으로 통합된 개념으로 구성하기를 바란다. 하루를 머무르더라도 떠나고 싶지 않고 오래도록 머무르고 싶은 시공간이 탄생하기를 바란다.

도시 전체가 통합된 콘텐츠 디자인 필요

우리나라를 통틀어 도시 전체가 하나의 상품으로 인식되는 곳은 천년 도시 경주가 대표적인 관광도시다. 그러나 오랜 시간 경주 한 곳만 집중 편중되다 보니 이제는 외국인도 내국인도 식상해 있는 현상이기도 한다. 현재는 작은 권역별로 관광지로 발돋움하고 있는 곳도 있다. 전주 한옥마을, 대구 김광석 거리, 안동하회마을, 경주 양동마을 등 그 외에도 우리가 모바일을 통해 접할 수 있는 곳이 다양해지기도 했다.

도시 전체를 통틀어 그 지역의 오랜 전통과 현재의 가치가 잘 융합되어 한눈에 이미지를 인식할 수 있는 도시 디자이노믹스가 필요하다. 도시가 디자이노믹스를 통해 품격 있고, 꼭 머물고 싶으며, 인생 코스에 필수 여행 덕후로 담을 수 있는 고부가가치 경제 가치로 전환될 수 있도록 노력해야 한다고 본다.

기성세대들은 관광인프라를 확충하기 위해 크고 웅장한 건물, 새로운 건물, 새로운 도로만을 고집하고 있다. 그렇게 도시는 여기저기 계획되지 못한 구성으로 우후죽순 크고 웅장한 콘크리트 건물들이 들어서기만 하고 그곳을 아기자기하게 채워줄 문화예술 콘텐츠들은 아직도 소비자의 매력을 이끌어내지 못하고 있는 현상을 본다.

코로나 이후 집단 관광수요가 사라지고 개인, 소규모 관광이 모바일을 통해 이루어질 것이고, '소확행'이라는 삶의 트렌드로 가성비 높고 매력 있는 그곳을 찾아다닐 것이다. 관광을 소비하는 그들은 화려하고 큰 건물 속 고요한 박물관 형식은 교육적 목적으로 잠시 눈도장만 찍고 지나가는 곳이다. 그들은 자기가 경험하지 못한 낡은 집을 리뉴얼해서 새롭게 만든 숙박 시설에 머물고 싶어 하고, 구불구불 돌담장들이 길게 늘어선 흙길을 걷고, 인생 샷을 남기기 위해 모바일로 소통하며 산간벽지라도 찾아가고 있다.

그들이 경험하지 못한 옛것을 현대적 감성의 매력이 포함된 세련된 가치로 접하고자 하고, 그곳에서 아름답고 따뜻하게 자신의 지친 삶을 이완하고 싶어 한다는 것이다. 그곳에 가고 싶고, 놀고 싶고, 맛집을 탐험하고, 머물고 싶은 감성 충만한 도시를 만들어야 경제 가치가 높다고 본다.

현재의 문화예술관광 소비 트렌드를 인식해야 한다. 우리나라는 국토 전체가 좁아서 종단, 횡단하는 데 2~3시간이면 충분해 어디든지 갈 수 있다. 도시 전체를 연계하여 디자이노믹스를 실현해야 타 도시와 색다른 가치를 만들어 갈 수 있다고 본다. 도시의 중심이 되는 곳을 포인트로 시작하고 거미줄처럼 연결되어 네트워킹하고 그 지역의 문화예술을 세부 콘텐츠로 무장해야 할 것이다.

도시 그 자체가 하나의 통일된 이미지의 콘텐츠가 되어야 한다. 작은 도시일수록 이 과정은 더 쉽게 이뤄질 수 있을 것이다. 또한, 소멸을 걱정하는 도시일수록 도시 디자이노믹스의 실현이 현실적으로 더 빠르게 이뤄낼 수 있을 것이다. 최고의 약점을 최고의 장점으로 생각의 전환을 이끈다면 반드시 이뤄낼 수 있다. 그리고 이것을 지속적으로 조력할 수 있는 지자체의 끈기 있는 노력이 필요하다고 본다.

▲ 영국 런던

오랜 역사, 근대사, 경제, 관광, 디자인 등이 함께 어우러진 도시이다.

체류 콘텐츠가 경제다

　기존의 관광은 최소 20명에서 40명 정도의 사람이 단체로 전세 버스로 이동하며 가이드가 유명 관광 명소의 중요 포인트만 선정하여 관람하게 하였다. 관람 후 단체 버스로 이동해 식사도 미리 예약된 대형식당에서 모두 같은 식사로 통일되게 식사를 마친다. 숙박 장소도 예약되고 많은 인원을 수용할 수 있는 숙박 시설이 필요하였다.
　그러나 트렌드에 변화가 찾아 왔다. 떼거리 관광은 점점 산악회 형식으로 변화, 진행하고 있고, 진솔하게 관광을 하고자 하는 이들은 가족, 개인, 혹은 일과와 함께 짬짬이 관광을 즐기는 추세로 바뀌고 있는 현상을 볼 수 있다. 이들은 네트워킹을 통해 매력적인 관광 포인트를 공유하고 찾아가고 맛집, 숙박 시설 등 자신이 공감하고 체험할 수 있는 관광형태로 트렌드가 변화했다.
　좁은 우리나라는 사통팔달로 교통망이 원활하여 원하고자 하는 곳에는 자가용을 이용하여 2~4시간이면 도착할 수 있는 장점이 있다. 그러나 관광산업의 경제로서는 약점이 될 수 있는 현상이다. 관광산업은 명소를 통해 음식, 숙박, 놀이, 특수 관광콘텐츠 등 주변 상권에 소비가 일어나야 비로소 관광산업의 역할을 제대로 수행해 내는 것이라 할 수 있다. 그것을 통해 지역민들이 품질 높은 삶을 향유할 수 있고, 활성화된 관광산업을 받쳐 줄 수 있는 지역 문화예술인의 역할도 원활하게 지속될 수 있는 것이다.

현재 지역 문화예술 관광을 즐길 수 있는 곳에 가면 멋지게 형성해 놓은 것들은 많으나 너무나 단조로워 한 바퀴 휙 돌고 나오면 끝나 버린다. 잘 닦여진 큰길, 멋지고 웅장한 건물은 있으나, 디테일과 아름다움이 담겨 있어 행복한 감성을 느낄 수 있는 공간은 많이 부족한 것 같다.

현재도 그렇지만 앞으로 문화예술 관광 소비 트렌드는 공감형과 체험형이 혼합된 관광 소비 형태로 진행될 것이다. 자기 자신이 직접 경험하고 느낀 것을 자신의 SNS를 통해 자신과 연결된 친구들과 공유하고 싶어 한다는 것이다.

볼거리를 찾아 떠나고, 그곳의 맛집을 통해 식도락의 행복을 채우고, 독특한 개성과 감성이 품어있는 잠자리를 구매하고 밤늦도록 예술을 향유하며 행복한 인생의 추억을 쌓고자 하는 소비 트렌드이다. 이것을 소비자들을 만족하게 구성해 주어야 비로소 제대로 된 관광산업이 활성화되어 지역 경제를 활성화하는 역할을 해낼 것이다.

지역의 전통과 역사를 중심으로 지적 호기심을 일으킬 수 있는 매력적이고 품격 높은 볼거리, 21세기적 감성을 채워 줄 수 있는 즐길거리, 그들이 느끼지 못한 근대 문화를 현대적 감성으로 재무장하여 오랜 시간 향유 하며 체류할 수 있도록 디테일하게 구성해야 한다.

▲ 궁궐 역사체험

외국 관광객들이 손꼽는 서울의 아름다움은 현대적 건물과 어우러진 옛 건물들의 조화이다. 이뿐 아니라 서울의 분점이 있는 각 지역의 맛집과 시장들, 현대적 놀이까지 가능한 매력 덕분에 한국 방문 외국인의 대부분 체류 관광지이다.

감성과 판타지 콘텐츠

　30년 넘게 공연예술을 기획·연출하고 직접 출연도 했다. 전국과 해외를 다니면서 보고 배운 것이 많다. 지역에서 진행하는 크고 작은 축제 행사를 위해 일하면서 그곳의 콘텐츠 운영 현황을 알 수 있었다. 그 지역 역사와 문화예술 콘텐츠 운영이 얼마나 상업성 있고 경제 가치가 있게 운영되고 있는가도 느낄 수 있었다.

　그곳의 공연예술계 사람들과 협력하기도 하고, 기획행사에 참여하면서 많은 것을 배울 수 있었다. 해외 공연을 하면서 여행을 통해 그 나라의 문화예술공연 콘텐츠의 경제 가치를 인식하게 됐다. 우리나라가 가진 멋진 이야기들을 고부가가치의 공연예술 쇼 콘텐츠로 기획하고 제작해야 한다고 생각했다. 기회가 주어질 때마다 현실로 실현할 수 있는 작업을 진행하였다.

　2016년 경산자인단오(국가무형문화재 제44호)의 여원무를 지역 공연예술 쇼 콘텐츠로 기획해 무대에 올렸다. 지역 대학 무용과 학생들을 중심에 두고 전문적 테크닉으로 표현했고, 여원무 보존회 회원들도 무대에 올려 지역민들이 직접 참여하는 방식을 적극적으로 적용했다.

　지역의 이야기를 스토리텔링하고, 지역 대학의 전문 무용수를 초빙하고, 지역민들을 콘텐츠에 참여시켜 지역민 스스로 콘텐츠에 대한 애착을 심어줘 자생적으로 발전하게 해야 한다. 중국의 장예모 감독은 지역의 스토리와 지역민들이 꾸미는 공연퍼포먼스를 기획해 지역의 고부가가치 상품으로 만들어 관광객들을 사로잡고 있다.

"그곳에 가야만 그것을 볼 수 있다." 그 지역만이 가지고 있는 독특한 이야기로 소비자의 감성을 자극할 수 있는 품격있는 쇼 관광상품 개발이 필요하다. 세계인을 대상으로 마케팅을 해야 하고 그 지역만의 콘텐츠로 무장해야 한다. 그래야만 국내 소비자도 사로잡을 수 있다. 전문 기획 연출자를 중심으로 지역 청년예술인들을 포함해야 하며 적극적이고 지속적인 투자로 품격 있는 공연예술 쇼 콘텐츠가 개발돼야 오랫동안 지속할 수 있는 수익을 발생시킬 수 있다.

또한, 기존의 공연장은 여러 가지 제한 사항이 많아 소비자들을 만족시킬 만한 도전을 할 수 있는 여건이 되지 못한다. 감성과 판타지를 포함한 쇼 콘텐츠를 가동할 수 있는 전용 극장이 필요하다. 다양한 도전을 할 수 있는 환경과 소비자의 시선을 사로잡을 수 있는 공간 구성이 필요하다. 작은 규모로 시작해 큰 규모로 키워가는 것은 지자체의 노력이 있어야 비로소 성공할 수 있다.

누적의 가치는 변질되지 않는 굳건한 힘을 주는 철탑이 된다. 과학 기술에 오랜 시간 투자해 누적의 가치를 발현하듯이 공연예술 콘텐츠에 관한 연구 개발도 누적의 가치를 발현할 수 있도록 물적·인적 투자가 필요하다. 적은 투자로 우리끼리만 만족한다면 누구도 찾아 주지 않아 쓸쓸하게 퇴장할 수밖에 없다.

▲ 강릉 무천제

　보통 무천제는 상고시대 부족국가 제를 지내고 춤과 노래가 함께한 제천의식이다. 이를 계승하여 매년 10월 강릉에서는 천신과 태양신에게 풍년을 감사드리는 제를 지낸다. 농악과 범춤, 강릉관노가면극도 함께 볼 수 있다.

콘텐츠 연결, 길 위의 풍경을 선물하라

　필자는 다양한 무대에 전통예술을 보여주며 전국을 자가 운전하며 다니다 보면 도시와 촌락의 아름답지 못한 길 위의 풍경을 흔하게 볼 수 있었다. 특히 산 지역의 농촌이나 산촌으로 들어가다 보면 사계절이 가져다주는 자연의 아름다움을 가슴에 담기에는 길가의 주택들과 그 삶의 연속 선상에 있는 주변 환경들이 너저분한 것들을 많이 보게 된다.

　길 위에서 느끼는 아름다움 풍경을 접하다 보면 자신도 모르게 차를 세우게 되고 그곳에서 인생샷을 찍고 그곳을 네트워킹을 이용해 자신과 소통하는 이들과 공유하게 된다. 이런 현상은 그곳을 핫플레이스로 만드는 역할을 하게 된다.

　우리는 수많은 길을 다닌다. 일과 관련되거나, 휴식이나 관광을 위해 다양한 방법으로 수많은 길을 다닌다. 감동할 만큼의 아름다운 길은 팔공산 동화사 가는 길이 감성으로는 최고로 아름다운 길 중에 하나라고 생각된다. 봄, 여름, 가을, 겨울의 다양한 느낌의 예술작품으로 보여주고 있었기 때문이다.

　작은 군 단위의 길에도 아름다운 길을 조성해 나간다면 관광콘텐츠로서 멋진 역할을 할 것으로 본다. 길가에 늘어선 농가 주변의 환경정비가 제일 먼저 이루어져야 할 것 같다. 농로에 있는 눈에 거슬리는 환경을 깨끗하게 정비만 해도 길 위의 아름다운 풍경을 감성으로 연결할 수 있으리라 본다. 그다음 그곳의 자연과 어우러지는 길 위의 풍경을 구성해 나가면 좋을 듯하다.

문화예술관광 콘텐츠에 대해 고민은 많으나 콘텐츠를 연결하는 길 위의 풍경은 아무도 신경 쓰지 않고 있다는 것이 문제점이다. 콘텐츠와 콘텐츠를 연결하는 길은 그곳에 가기 위해 끌어들이는 자기장의 역할을 하는 매개가 된다. 아름다운 길을 만드는 일은 아주 작고 소담한 정성과 그곳 정착민의 애향심과 함께 시작되어야 할 것이라고 본다. 또한, 지속적으로 관리 감독하는 지자체의 관심과 역할이 중요한 핵심이 된다.

우리가 흔히 무심하게 지나가는 길들이 아름다운 풍경으로서 삶의 선물이 된다면 누구나 다 길 위에서 행복을 누릴 것이다. 그 선물 같은 길을 따라 콘텐츠가 연결된다면 최상의 관광 상품이 될 것이다. 그 길은 삶의 다양한 모습들을 담아 일상의 스트레스를 해소하는 역할도 하게 된다.

길 위에 펼쳐지는 자연과 길을 조화롭게 정비하고 아름답게 디자인한다면 그 지역의 문화예술관광콘텐츠와 자연스럽게 연결될 것이다. 길은 모든 사람과 사람을 이어주고 서로 다른 콘텐츠와의 조화로운 연결의 매개로서 소비자의 무의식 속에 잠재된 마케팅 도구다.

길과 길이 서로 잘 짜인 콘텐츠가 되기 위해서 연결 콘텐츠 개발에 좀 더 적극적으로 반영될 수 있도록 구체적인 개발 내용에 대해 언급해 보기로 한다.

■ 배경 및 필요성

- 광역지자체 시군이 연결된 지방도 주변 환경이 주민들의 삶의 터전과 연계되어 불편한 시선을 만드는 현상이 많다.
  - 주민들의 일과 삶에 연결된 소모품들이 제대로 정리되지 않게 도로변에 그대로 방치된 상태다.
  - 밭농사 자재로 사용되는 다양한 농사재료들이 불편한 시선을 만든다.
- 자가 승용차로 이동하는 소비자들의 관광이미지 마케팅 필요
  - 길은 콘텐츠로 연결하는 기능을 한다.
  - 광역지자체 지방 국도 아름다운 길 조성을 통한 지역 콘텐츠와의 연결이 좀 더 쉽게 진행될 수 있다.

■ 사업 내용

- 사람이 걸어 다닐 수 있는 트레킹 로드 조성
  - 내륙 지방도는 차량을 위한 도로만 있고 사람을 위한 도로가 없다.
  - 관광소비자의 다양성을 이해한다면 걸어서 다니는 관광소

비자들을 위한 길을 만들어야 한다.
- 사람이 다닐 수 있는 트레킹 로드가 지역주민들에게도 안전한 도보 이동 수단이 되고, 지역민들의 삶의 질을 향상할 수 있다

- 트레킹 로드 조성 후 야간 경관 조명 설치
  - 사람 무릎 아래 높이의 조명기구를 설치하여 빛의 조도가 강하지 않게 적용하고, 밤길 야간 운행 차량에도 좋은 방향등 역할을 한다.
  - 지역주민들의 도보 이동에도 좋은 역할을 하며 교통위험 방지 역할을 한다.
  - 화려하지 않은 빛의 조도는 길을 보다 아름답게 품을 수 있는 환경을 조성한다.

- 도로 주변 자연환경을 고려한 핫 플레이스 주변 차량 정차 공간 확보
  - 자연경관이 아름다운 도로변에 사진을 찍을 수 있는 차량 정차 공간 필요.
  - 정차공간에 QR코드 인식 시스템을 설치하여 정차공간과 가장 가까운 문화예술관광 콘텐츠 연계 필요.
  - 지역과 지역을 연결하는 소통 매개

- 트레킹 로드 전용 지도 및 내비게이션 시스템과 적극 연계 마케팅
  - 아이나비, T맵, 지니, 카카오맵 등 국내 내비게이션 업체와 협력하여 지역 관광콘텐츠 홍보 필요.
  - 트레킹 로드 전용 지도 기획개발 및 지도 앱 개발

- 풍수를 활용한(과학적 해설 포함한) 동양학적 신비를 마케팅
  - 풍수는 동양철학 중의 한 부분으로서 우리나라 사람들이 좋아하고 찾아가 체험하고자 한다는 것의 마케팅 활용에 필요.
  - 길을 통해 들어오는 방향성과 지역의 특수한 풍수적 역할을 역사적 이론과 과학적 접근을 통한 마케팅 필요.
  - 특히 코로나 이후 해외 관광객 유치를 위한 부분에 필요.

- 국도 주변 주민 역량 강화 교육 필요
  - 도로 주변 주거들의 환경교육을 지속적으로 실시하여 삶 속에서 자발적 환경 개선을 진행할 수 있도록 교육한다.
  - 도로변 주민의 연령, 이동 수단, 이동 거리의 문제점을 보완하여 2명이 한팀이 되어 직접 찾아가 정기적으로 교육을 진행한다. 이것을 통해 일자리 창출 효과도 진행된다.

- 지방 국도 주변 두 줄 가로수 조림 사업 필요
  - 아름다운 길 조성을 위한 트레킹 로드 사업과 함께 가로수

사업이 필요하다.
- 트레킹 로드를 중심으로 두 줄 가로수를 조성, 여름 뜨거움을 덜어 주고 도로 주변 녹화 사업을 통해 자동차 배기가스 정화 효과도 높일 있다.

■ **기대효과**
- 국도변 환경정비를 통한 길 위의 풍경을 조망하여 지역 콘텐츠와의 자연스러운 연결할 수 있다.
- 길 위의 풍경은 젊은 소비계층을 유입할 수 있고 청년 귀촌인의 유입을 고려할 수 있다. 삶 속에 아름다운 환경과 함께 하려는 워라벨 현상이다.
- 트레킹 로드 조성과 주변 가로수 사업으로 다양한 환경의 단체를 통한 소비자와 건강과 힐링을 위한 소비자 계층의 유입을 더 원활하게 할 수 있다.
- 아름다운 길 조성으로 광역지자체 국도가 드라이브 최고의 코스로 자리 잡으면 관련 지자체 관광콘텐츠와 자연스럽게 연결된다.
- 이동 수단의 기능을 벗어나 콘텐츠를 연결하는 수단이 되며, 오지의 자연환경과 그대로 연결되어 길 자체가 하나의 콘텐츠가 될 수 있다.

▲ 신륵사 앞길 위 풍경

치유콘텐츠의 시대

　사람들이 아프다. 그것도 병원에서는 해결되지 않는 현상들이 더 많아지고 있다. 나도 그 분야(원인 모를 통증의 신경증 증세)의 한 사람이다. 사회가 급변하고 복잡해질수록 더 많은 스트레스를 안고 살아가고 있다. 현대 의학과 과학이 해결하지 못하는 것을 우리는 샤머니즘적인 것으로 치부해 버리는 아이러니한 현상도 많이 본다. 그것 때문에 심리적으로 불안해하고 고통스러워하는 이들이 우리 주위에는 많이 있다.
　우리의 아이들은 태아 때부터 스트레스를 품고 자라났을 것이다. 개선이 어려운 각종 질병이 쏟아져 나오고 코로나 19라는 최악의 상황을 맞이하기도 하였다. 코로나 19 이후 개인의 면역력을 강조하며 다양한 개선 방법들이 쏟아지고 있다. 지금 현재도 치유산업이 점점이 발달하고 있지만, 앞으로는 더 체계적인 이론들이 많이 쏟아 질 것으로 본다. 여기에 예술을 동양학적이면서 서양과학과 합류한 예술치유 콘텐츠가 각광받을 것이라 본다.

코로나 이후 전통예술의
새로운 재해석 필요

　코로나 19는 우리의 삶의 방식 혁명을 가져오고, 앞으로도 다양한 방향으로 진행될 것이다. 이 현상은 문화 예술업계뿐만 아니라 관광산업에도 치명적인 타격을 받았고 현재도 진행 중이다. 정부의 요구에 의한 것이기도 하지만 우리 모두의 건강한 안전을 위해서는 서로가 오고 감을 꺼리고, 국민 모두가 자발적으로 제한된 공간에서 사회적 거리두기를 하는 실정이다.

　상반기에는 전국의 모든 문화예술행사, 축제, 공연 등이 전면 취소되면서 문화예술 계통에 있는 모든 이들이 직격탄을 맞은 상태이다. 하반기 들어와서는 그나마 비대면 방식 혹은 사회적 거리두기의 소수의 관객을 대상으로 한 공연예술이 겨우겨우 진행되고 있다. 이런 현상에서 모든 순수예술 장르에 대한 재인식을 통해 새롭게 거듭나는 전환의 기회로 삼았으면 한다. 또한, 관광콘텐츠 개발 분야에서도 새로운 관광산업의 트렌드 전환의 발 빠른 현장 적용을 시작해야 한다고 본다.

　코로나 19는 세상을 바꿔 놓았다. 서로 마주 보고 소통하며 에너지를 교류하던 예전의 방식을 디지털 매체를 통한 비대면 방식으로 전환해 버렸다. 또한, 개인 건강의 척도인 면역력 강화와 관련된 주력 업종들이 훨씬 더 힘을 얻고 있는 현실이다.

이런 사회적 분위기를 수용하여 전통예술 분야에서도 대체요법으로서의 전통예술 치유에 좀 더 많은 관심을 가지고 '전통예술 통합예술치유 프로그램'을 개발하여 세계적 글로벌 산업으로서 성장할 수 있도록 해야 한다.

우리의 전통예술은 오랜 시간 서민들의 슬픔을 달래고 그들의 희로애락을 희석해 심리와 육체를 이완시키는 작업을 태고 때부터 해 왔다는 것은 수많은 학자와 이론들을 통해 이미 인식하고 있다. 코로나 사태로 대중예술의 트로트를 통해 위안으로 삼듯이 우리 선조들의 심신 위안을 삼은 그 옛날 대중예술의 본체가 전통예술인 것이다. 과학적 기술을 적극적으로 적용하고 활용하여 언택트 시대에 맞는 전통예술을 통한 치유 콘텐츠로 개발, 헬스케어 산업으로 육성하는 것을 제안한다.

앞으로의 세상은 개인의 행복과 안전, 건강이 최우선 되는 시대이다. 그리고 급변하는 사회에 적응하기 위한 불안정한 자신을 돌보기 위한 치유와 관련된 산업이 급격하게 발전하게 될 것이다. 단, 우리는 그것을 이론적 바탕과 테크닉의 신뢰감을 어떻게 형성해 줄 것인가에 대해 고민하고 그것을 충당해 줄 수 있는 전통예술 치유 전문 인재를 양성해야 할 것이라고 본다. 또한, 언택트 시대에 맞는 기술적인 면을 정기적으로 훈련하고 보강하고 콘텐츠의 품질향상을 위한 다양한 마케팅 전략도 훈련해야 한다.

　새로운 개념의 전통예술 콘텐츠는 다양한 장르의 젊은 인재들의 융합을 통해서 발굴되고, 이것을 조력함으로써 매력 있고 글로벌한 새로운 상품으로 도약할 수 있다고 본다.

예술을 더한 치유산업 콘텐츠

고도로 발달한 도시산업의 영향으로 육체와 심리의 피로도가 누적되어 다양한 현대 질병으로 나타나고 있다. 이는 의료산업의 발달을 가져오고 대체요법인 치유산업의 발달도 가져온다.

농업진흥청, 산림청에서 이미 농촌치유, 산림치유에 대해 정책을 내어놓고 있고 현장에서 적용하고 있다. 지방으로 갈수록 도심과 멀어지며 자연 친화적 환경이 많아져 사람들의 심신을 이완하며 삶의 스트레스를 치유해준다는 인식이 이제는 보편화 되어 가고 있다.

예술치유도 이미 오래전부터 진행되어 오고 있다. 자연을 활용한 농촌, 산림치유에 예술을 더하면 정중동의 매력을 지닌 치유산업이 될 것이다. 아름답고 화려한 예술 콘텐츠를 부가적으로 더해 주면 고부가가치 콘텐츠가 될 것이다.

편안한 육체적 휴식도 필요하고, 예술이 주는 심미감을 통한 안식도 필요하다. 전문적 예술치유 분야도 있지만, 공연예술 분야의 보편적인 예술도 치유산업으로 좋은 모델이다. 소비자와 가장 가까운 위치에서 라이브로 연주하는 무대를 감상할 수 있다면 최고의 예술치유 콘텐츠가 될 것이다. 버스킹 공연이 활성화되는 이유이기도 하다.

자연은 늘 그 자리에 정적으로 굳건한 정적인 콘텐츠이고, 예술은 아름다움과 화려함을 채워주는 동적인 콘텐츠이다. 이 두 콘텐츠의 조화로운 협력은 치유산업을 충분히 고부가가치로 만들 수 있다. 나아가 지역관광, 문화 활성화에 돌파구가 될 수 있다. 지역의 자연을 활용한 치유산업도 매력적으로 변화시키고, 지역 예술인들의 원활한 경제활동도 활성화하는 좋은 계기가 될 것이다.

지역 예술대학에서 배출한 수많은 예술인의 일자리 창출에도 많은 이바지하게 될 것이다. 그곳에 참여한 젊은 청년들이 다시 관광 소비자로 거듭나는 소비 순환의 연결 고리도 단단해질 수 있다. 일자리 참여와 소비 생태계의 원활한 순환을 기대할 수 있는 것이다.

코로나 19를 계기로 모든 이들이 육체적, 심리적 건강을 최우선으로 인식하게 되고 코로나 방역으로 인한 자발적 통제의 시간이 길어지면서 심신의 피로감을 우울과 불안으로 나타내고 있다.

이러한 현상을 해소해 줄 수 있는 치유산업은 지속적으로 운영되어야 할 미래 산업이 될 수 있다. 치유를 중심으로 하는 관광산업은 전 세계적으로 매력적인 새로운 문화예술관광산업으로 성장할 것이다. 우리는 가장 한국적인 매력을 가진 치유산업으로 가야 할 것이다.

▲ 우리 가락 우리 마당 공연 2014

PART 02

통합예술 동작 치유 콘텐츠

태어나면서부터 태열과 유년 시절 알레르기 현상으로 꽃가루 날림이 심한 봄이 무서웠고, 천식 기운도 있어 기침하다가 갑자기 숨이 턱턱 막히는 일도 잦았다. 덜렁덜렁 허당이었지만 잠자리만 바꾸어도 날 밤을 꼴딱 새워 버리는 억울한 일로 집 외에 잠을 자는 것을 가장 싫어했다. 심한 편두통으로 10대부터 40대 후반까지 두통약을 핸드백에 넣어 다녀야 했고 심할 때는 병원 진료를 받아 특수 약을 처방받아야 진정이 되었다.

45세에 치명적으로 터진 공황장애는 인생 후반을 새로운 전환점으로 만들어 놓을 만큼 치명적이고 파격적으로 재발을 두 번이나 거치면서 스스로를 옥죄던 나를 편안하게 놓아줄 수 있는 계기가 되었다.

말 그대로 저질 체력으로 고생이 많으니 박사학위를 받으면서 곧바로 무용 동작을 통한 치유 프로그램 개발에 착수하게 되었다. 2011년 공황장애로 다양한 현상들을 맞이하며 나의 몸을 자가 임상으로 치유하면서 얻는 알아차림의 지식과 지혜들을 내어놓았다. 자기 자신을 잘 알지 못하고 타인의 개념에서 자기를 운영하다 보니 생기는 현상이었다. 자기 자신의 몸과 마음을 살피고 아낀다면 일상생활의 매일이 행복이 된다. 아프기 전에 자기 자신의 몸과 마음을 이완하고 소통시켜야 하는데 사람들은 아프기 전에는 들리지 않는 것이 대다수다. 심각하게 아파지고 나서야 후회하면 많이 늦었다 하겠지만 그래도 알아챈다는 것이 다행이라고 본다.

이 장은 통합예술 동작 치유 관련 기고한 글이다.

'몸을 열다'에서는 몸을 열어야 내분비계 순환이 원활하게 이루어지게 한다. 우리가 이미 알고 있는 지식을 좀 더 통합적으로 이해하게 하고 빠른 강한 운동보다 느리게 미학적인 춤 운동으로도 강력한 에너지를 만들 수 있음을 이야기하고 있다.

'마음을 열다'에서는 디지털시대에 고독한 사람들에 대해 다시 생각하게 하고, 물리적 환경을 적절하게 활용하는 지혜를 담으려고 했다. 사실 양자물리학적 접근법이 내재 되어 있는데 일반인들이 현대물리학에 대한 과학적 지식을 언급하기에는 너무 무겁고 어려운 글이 되므로 그 단어들에 대해서는 쉽게 동양철학에서처럼 인문학으로 풀어 쉽게 전달하려고 노력하였다.

'CEO 내면경영'에서는 우리나라 CEO의 건강한 기업경영을 위해서는 그들의 심신을 전문적으로 이완해 주는 시스템이 필요하고 중요하다는 것을 이야기했다. 대한민국 산업을 건강하게 이끌어 가게 하기 위함은 그들의 육체와 정신 건강을 함께 이완해 줄 전문가와 전문 시스템이 중요하게 작용한다.

'순화 & 소통'은 우리 삶 속에 함께 하는 물리적 환경을 조금 더 쉽게 이해하고 지혜롭게 자신을 운영하여 밝고 건강한 육체와 정신을 만들어 가고자 하였다.

▲ 여주 남한강

　여주시 한가운데, 비스듬히 흐르는 남한강 변 양쪽에는 걷고 즐기고 감상할 수 있는 아름다운 길이 있다. 강 북쪽에는 오래된 고찰 신륵사와 가볍게 트레킹 할 수 있는 길이 있고, 남쪽 강변은 여강 길부터 황포돛배 선착장을 거쳐 공원까지 다양한 풍경과 액티비티를 즐길 수 있는 것들이 가득하다.

몸을 열다

면역력이 저하되면 우울함이 함께 찾아온다

아름다운 운동, 춤 치유로
면역력을 높여 우울을 회복하자

신종 코로나바이러스 감염증(이하 코로나 19)이 장기화할 수도 있다는 정부의 분석과 앞으로 새로운 바이러스가 반복적으로 출현할 가능성에 대해 세계는 우려의 목소리를 내고 있다. 이런 현상을 극복할 수 있는 것은 개인의 면역력(免疫力)을 높이는 것이 최우선이 돼야 한다.

면역력이 높아야 바이러스와 세균들의 활동을 억제하여 건강한 신체를 유지할 수 있기 때문이다. 면역력의 사전적 의미는 사람이나

동물의 몸 안에 병원균이나 독소 등의 항원이 공격할 때, 이에 저항하는 능력을 말한다. 부모의 유전적 영향으로 선천적 면역기능도 있겠지만 개인이 성장하며 만들어 가는 후천적 면역기능 두 가지가 함께 진행된다.

장기간의 스트레스, 불규칙하거나 지나친 패스트푸드형 식습관 등으로 인해 신체의 균형을 잃어버리면서 면역력이 붕괴하기 시작한다. 이는 몸 안에서 발생하는 바이러스와 세균 등을 억제하지 못해 다양한 염증성 질병을 일으키기도 한다.

미국 의학박사 켈리 브로건이 저술한 책에 의하면 최근 연구에 면역, 염증, 장내 세균총과 정신 건강의 상호관계 중요성이 밝혀지면서 우울증과 면역 간의 연결 고리를 제대로 이해하기 시작했다고 한다. 이는 면역력이 저하되면 신체 건강에도 문제가 생기는 동시에 정신 건강에도 적신호가 발생한다는 것이다.

면역력을 강화하기 위한 다양한 정보들이 무수하게 많이 제시되고 있다. 이런 방법들도 개인에게 맞게 지속해서 꾸준히 이뤄져야 한다. 면역력을 강화하기 위해서는 먼저 규칙적이고 자연적인 식습관이다.

또한, 하루 세끼를 규칙적으로 식사해야 한다. 요즘은 아침을 거르는 사람들이 많아지고 있지만, 아침 식사를 하지 않음으로 인한 신체 부작용에 대한 보고가 많다는 것은 모두가 아는 사실이다. 그리고 부족하지도 과하지도 않은 영양소 밸런스와 자연적 재료를 사용하는 식단이 건강한 신체를 만들어 준다.

두 번째, 개인위생이다. 요즘 코로나 19로 인한 마스크 착용, 손 세정 등 사회적 관계 전, 후에 자가 개인위생관리는 습관화돼 모두에게 좋은 국민 지침이 되고 있다.

세 번째, 규칙적인 운동이다. 개인의 취향에 따라 다양한 운동을 하고 있지만 코로나 19의 영향으로 전문적 시스템의 공간에서 많은 사람이 함께 운동하는 것은 사회적 거리두기 실천 때문에 진행되지 못하고 있다.

그러므로 집에서 손쉽게 할 수 있는 운동으로 변화시켜 지속적으로 진행하는 것이 좋다. 네 번째, 정신 건강 운동이다. 보통 신체적 건강은 많은 시간과 경비를 투자해서 아름답고 건강한 몸매를 만들지만, 정신 건강에 대해서는 중요함을 인식하지 못하고 있는 사람들이 많다. 정신 건강을 회복하기 위해서는 명상, 호흡운동, 산책 등으로 면역 체계를 강화하는 좋은 방법이다.

'통합예술 동작 치유 비경테크닉'은 작은 공간만 있어도 앉아서, 또는 서서 아름다운 춤으로 운동한다. 넓은 공간이 필요하지 않고 자신의 집 어디에서나, 아니면 사무실 한쪽 구석에서도 가능하다. 천천히 완만하게 호흡운동을 함께하거나, 조금 빠른 템포로 신나게 춤을 춰도 된다. 음악 없이 아주 느린 호흡운동과 함께 동작을 진행하면 기공 수련 형태가 된다.

치유댄스 비경테크닉은 '통합예술 동작 치유'로서 무용이라는 명칭으로 남성이 부담스러워할 수 있는 점을 고려해 남녀노소 누구나 접근할 수 있는 중성적 동작으로 표현했다. 춤 치유는 아름다운 예술 동작 치유의 관점에서 삶의 딱딱함을 부드럽게 이완하고, 현재의 삶을 아름답게 전환하는 프로그램이다. 이는 신체 건강과 정신 건강을 함께 이완, 회복 면역력을 높이는 데 목적이 있다.

'통합예술 동작 치유 비경테크닉'을 통해 가장 편하고 쉽게 움직여 춤추고, 행복하게 몰입해 전 국민이 아름다운 신체와 정신으로 회복하기를 바란다.

면역력을 높이는 가장 쉬운 습관

1. 하루 세끼 규칙적인 식사.
2. 부족하지도 과하지도 않은 영양 밸런스.
3. 개인위생 철저
4. 규칙적인 운동
   자신의 신체 밸런스에 맞는 운동 - 강·약 조절
5. 정신 건강 운동
   완만한 운동으로 집중명상
   하루 5회 이상의 호흡운동(복식호흡)
   자연 속에서 30분 이상 산책하기
6. 꾸준히 실행하여 습관으로 굳히기

느림의 미학으로 되찾는 행복!

점진적 근육 이완 요법
쫄깃한 근육, 품격 높은 마음여백

흔히 운동이라 하면 헬스장에서 근육을 단련하는 피트니스, 달리기, 걷기 등을 연상하게 된다. 호흡이 거칠고 빠른 템포의 운동이거나, 야외나 큰 공간에서의 신체 에너지 소모량이 큰 운동이 제대로 된 운동이라고 생각하고 있다.

신체 에너지 소모량이 큰 과격한 운동은 부상 위험이 크고, 또한 요요 현상이 잘 나타난다. 과격한 운동으로 심장 박동 수를 높임으로 인해 신체 피로도도 높게 나타나기도 한다.

우리는 태어나면서부터 수많은 시간을 심신의 긴장, 수축으로 인해 근육이 경직되어 있는데, 시작의 운동이 과격하다면 부상 위험에 그대로 노출될 수 있다. 수축 긴장된 신체를 부드럽게 이완하고 심리 정서까지 이완하여 정신과 육체를 동시에 돌봐준 다음, 근육을 강화하는 운동으로 진행되는 것이 바람직하다고 본다.

점진적 근육 이완 요법은 1929년에 Edmund Jacobson에 의해 개발된 스트레스 관리기술이다. 근육의 반복적 긴장과 이완을 통해 근육과 교감신경 항진으로 심신의 긴장을 저하한다. 호흡에 집중하면서 신체 근육을 의도적으로 긴장 이완시켜 부교감신경계를 자극하여 긴장 불안을 감소시키는 방법이다. 이는 부작용이 없으며 지속적으로 개인이 집, 사무실 등에서 지속해서 실시할 수 있는 장점이 있다(2010년 중앙간호학회지). 점진적 근육 이완 요법은 근육의 긴장, 불안을 해소하고 불면증, 우울감, 피로, 과민성대장증후군, 근육 경련 등의 통증 치유에 효과가 있다.

'통합예술 동작 치유 비경테크닉'은 명상과 호흡운동에 수동적이면서도 집중을 요하는 단순한 동작을 통해 심상과 근육을 이완하는 통합 춤 예술 이완 요법이다. 한국 전통춤의 동작을 일반인들이 쉽게 습득할 수 있도록 재구성해 탄생한 예술치유 요법이다. 이는 부교감 신경계를 건강하게 만들어 우울, 불안 등의 과민성 신경 관련 질환의 치유 효과가 있다.

운동 에너지가 큰 사람은 과격한 운동을 좋아하지만, 에너지가 작거나, 소극적인 사람, 혹은 무거운 질병에 신체를 과도하게 움직이는 것이 힘든 이들에게는 점진적 근육 이완 요법을 적용한 '치유 댄스 비경테크닉'은 부드럽고 완만한 움직임으로 구성된 집중명상 동작 치유 프로그램이다.

또한, 보편적인 일반인, 학생들도 장기간 점진적 근육 이완 요법 프로그램 적용 시 정서적 안정감이 탄탄해져 집중력, 추진력, 학습능력을 향상하는 데 효과가 있다.

　　에너지 소모량이 많은 운동보다 완만하고 여백이 있는 느린 운동은 자신의 내면을 바라볼 수 있는 여유와 운동을 통해 자신의 몸이 어떤 반응과 신호를 보내는지에 대해 관찰할 수 있다. 이는 품격 높은 내면의 성숙으로 훈련되는 시작점이 된다. 근육은 탄력 있고 쫄깃하게, 마음여백은 널찍하고 따뜻하게, 아름다움이 있는 '통합예술 동작 치유 비경테크닉' 프로그램으로 행복한 신체와 정신을 맞이할 수 있다.

점진적 근육 이완 요법 관련 학술 현황

- 점진적 근육 이완법이 건강인의 경곤 전도와 자율신경계·스트레스에 미치는 영향(한방재활의학과학학회지, 2008)

- 바이오휘드백을 이용한 점진적 근육 이완훈련이 스트레스 반응과 면역 반응에 미치는 효과(기본간호학회지, 2000)

- 점진적(漸進的) 근육이완법(筋肉弛緩法)이 자율신경계(自律神經系)에 미치는 영향(影響)(대한한방신경정신과학회, 2007, 동의신경정신과학회지, 18권 1호)

- 점진적 근육이완법을 통한 아동의 일상적 스트레스 관리 효과 분석(학습자중심교과교육학회, 2015)

- 점진적(漸進的) 근육이완법(筋肉弛緩法)이 자율신경계(自律神經系)에 미치는 영향(影響)(동의신경정신과학회지 2007년 18권 1호 pp.111~122)

- 음악 감상을 활용한 점진적 근육이완법이 초기 사춘기 자녀를 둔 어머니의, 스트레스 완화와 정서조절능력 향상에 미치는 영향(예술심리 2018년 14권 2호 pp.97~120)

건강은 비로소 통합을 통해 완성된다

점진적 이완 요법을 통한 자가 치유 기능 향상

2020년 6월, 중순 암 환자들이 병원 치료와 더불어 자연치유를 병행하기 위해 쾌적한 산자락에 자리한 치유 공간을 방문하게 됐다. 그곳을 운영하는 대표의 배우자가 암 질병에 힘든 시간을 치유하기 위해 마련했던 공간에 같은 힘듦을 가진 이들에게 보다 빠른 치유를 돕기 위해 암 환자들에게 자연치유 공간을 제공하기 시작한 지 10여 년이 넘었다 한다.

초창기에는 식이요법 중심으로 외부 전문 강사를 초빙하여 이완 프로그램을 적용했으나 현재는 식이요법만 진행하고 있었다. 이완 프로그램은 암 환자의 참여도가 낮고, 질병으로 인한 심리위축으로 프로그램 수용 능력이 현저히 떨어져 외부 반응에 대해 상당한 스트레스를 발현했다고 한다.

우리의 몸은 외부에 보이는 생물학적 기능의 신체와 내부의 물리적 기능을 가진 마음(정신)이라는 두 가지 기능이 혼재돼 삶을 살아가고 있다.

태어나면서부터 외부에서 다가오는 사회적 영향의 수많은 시간 동안 우리의 몸과 마음은 긴장과 스트레스로 위축돼 있다. 질병이 찾아올 때는 자기 자신의 가장 약한 곳에 질병이 자리를 잡고 터전을 만든다.

우리 몸은 두 개의 기능이 순차적 상호보완적으로 통합하여 한 개가 개념으로 움직이고 있다. 생물학적 기능(육체)의 문제는 물리적 기능(정신)이 먼저 문제가 생겨서 진행하는 과정 중 나타난다. 육체가 문제가 생기면 병원을 찾아 약물치유를 진행하고 식이요법을 통해 부가적으로 치유를 병행하는 것이 보편적이나 내면 치유를 병행하는 경우는 드문 현상이다. 반대로 심리가 문제가 발생(우울, 불안 등)하면 약물치료와 심리 상담이 보편적인 현상이다.

질병의 시작은 정신에서 먼저 시작된다. 그리고 육체가 반응한다. 또한, 육체가 질병의 반응을 우울로 표현하며 육체의 치유 신호를 보내기도 한다. 이런 과정을 이해한다면 질병의 최적 완치로 가는 방향은 통합된 치료와 치유가 동시에 필요하다. 의학적 약물치료와 식이요법을 통한 치유, 그리고 내면을 다스려 질병의 근원인 자기 자신을 알아채는 것이 통합적으로 이뤄져야 한다. 내면의 알아차림은 뇌 가소성을 활성화하여 질병이 진행하는 것을 스스로 치유하는 기능이 있다. 또한, 내면 치유의 알아챔은 유연성, 적응력, 일관성, 안정성을 부여해 질병으로부터 발생하는 우울, 불안을 해소함으로써 신체를 부드럽게 이완한다. 이는 질병 치료의 기간을 단축할 수 있고, 완지의 목표로 진행할 수 있다. 질병을 앓고 있는 사람의 특성 중 또 한 가지는 움직임을 불편해하고 질병을 해소하기 위한 운동을 또 다른 스트레스로 느끼기도 한다.

 이런 심리적 현상을 극복하기 위해서는 점진적 근육 이완과 아름다운 심미감을 주는 예술적 치유의 '치유댄스 비경테크닉' 프로그램을 추천한다.

 내면을 바라볼 수 있는 충분한 여유의 점진적 근육 이완과 아름다운 심미감과 부드러움으로 거부감이 없는 예술치유가 쉽게 수용될 수 있고, 힘들지 않은 움직임, 호흡을 통한 주의력 훈련, 자연과 국악 음악과 함께하는 예술치유로 질병으로 지친 그들에게 단비가 될 수 있다. 생물학적 기능(육체)과 물리적 기능(정신)이 통합된 시스템으로 자기 자신을 치유할 때 조화로운 인간관계 행동 양식이 형성될 수 있다고 본다. 건강은 통합된 치료와 치유를 통해 비로소 완치의 목표에 다다를 수 있다.

부드러운 운동에 대하여….

누워서 하는 운동의 장점

- 근력 관절이 약한 사람, 과체중인 사람, 노년층 사람은 신체 근력에 무리가 가지 않아 신체에 부담이 없다. 또한, 심장이 약하고, 체력이 약한 사람은 부드러운 운동을 통해 심장에 체력에 무리가 가지 않는다.

- 누워서 하는 부드러운 운동도 이완과 강화를 동시에 이루어주기 때문에 지속적이고 규칙적으로 진행해 주어야 하는 것이 좋다.

- 누워서 하는 부드러운 운동은 자신의 신체에 집중할 수 있어 집중명상에 좋으며 복부가 쉽게 열려 호흡운동을 편안하고 쉽게 진행할 수 있는 것이 장점이다.

- 잔잔한 음악을 틀어 놓고 하는 것이 심리이완에도 도움이 된다.

심리적 위축으로 형성된 근육 갑옷

이완의 집중을 통한 새로운 창의적 기회

우리는 어린아이들의 피부탄력과 유연한 신체를 부러워한다. 외적인 피부 탄력, 신체 내부의 근육 탄력이 좋아 아이들은 신체 상처를 심하게 입지 않는다는 최상의 장점이 있다. 그러나 세월을 지나오면서 외부 환경의 영향으로 인해 심리적 육체적 위축과 경직이 우리 몸의 근육을 갑옷으로 만들어 간다. 중년이 되면서 근육의 갑옷 현상은 다양한 질병으로 발전하여 자신을 힘들게 한다.

신체의 자세, 제스쳐, 동작은 적개심이나 성욕, 불안감을 막아내는 방어적 무장이다(Willhelm Rich). 사회적으로 억압된 정서와 경직은 근육의 긴장과 경련으로 진행되고 그것이 신체에 축척돼 근육이 갑옷으로 진행되어가는 개념이다. 근육의 수축, 긴장 상태가 오래 지속하면 혈관, 신경, 림프의 문제로 발전해 모든 통증의 원인이 되고 근육의 갑옷 현상은 면역력을 떨어뜨리게 된다.

또한, 근육의 수축 긴장으로 인한 자세 불균형의 습관은 에너지 소모가 더 많이 일어나게 해 스트레스의 원인이 된다.

근육이 부드러워야 혈관, 장기가 원활하게 제 기능을 하게 된다. 강한 운동을 한다고 해서 근육이 쫄깃한 부드러움을 가지는 것은 아니다. 일방적인 근육 발달 시스템도 신체부상 위험이 크다고 할 수 있다.

갑옷으로 진행된 근육은 먼저 부드러운 이완이 필요하다. 심리적 이완과 신체적 이완이 먼저 수행된 후 점진적으로 신체의 약점을 보완해 나가면서 운동의 강도를 조절해야 한다. 건강한 몸을 만들기 위해서는 호흡운동, 근육 이완, 심리적 이완 등 모든 것이 함께 제대로 이뤄져야 한다. 운동을 위한 것이 목적이 아니라 건강을 위한 것이 목적이 돼야 할 것이다. 비주얼적인 운동을 목적으로 하다 보면 신체적 부상 위험과 요요 현상의 확률이 높다. 그러나 건강을 목적으로 하는 것은 자신의 심리 현상과 신체적 현상을 모두 인식하고 순차적으로 자신에게 맞는 적절한 프로그램으로 진행하게 돼 부작용이 전혀 일어나지 않는다는 것이 장점이다.

근육은 우리 몸의 40%를 차지하며 뼈에 붙어있어 우리 몸 전체를 움직이게 하는 역할을 한다. 근육의 쫄깃한 유연성은 삶에 긍정적 사고를 형성해 사회적 관계의 유연성까지 만들어 낸다. 심리적 이완으로부터 시작되어 신체적 이완까지 오롯이 자신에게 집중하는 완만한 여백의 시간은 현대인에게 꼭 필요한 작업이다.

급격하게 변화하는 사회, 특히 신종 코로나바이러스 감염증(코로나 19)의 영향으로 세계 대변혁을 가져오고 있는 현재의 현상을

이해하고 수용하며 다가오는 변화를 빠르게 감지할 수 있는 것은 충전과 이완을 통해 자기 자신의 사고에 창의적 날개를 달 수 있다. 위기의 시간에 자신에게 집중할 수 있는 시간은 내면의 에너지 충전으로 다가오는 기회의 순간을 알아차릴 수 있는 창의적 시간이다. 근육의 이완을 통한 자기 자신의 집중은 새로운 기회를 포착하는 소중한 전환의 시간이 될 수 있다.

자연은 우리에게 화려한 갤러리다.

무의식 속에 펼쳐지는 사계절 자연의 변화를 감상하는 기회를 자주 얻어보라. 자연에서 사색하는 시간은 개인의 정신 건강에 좋은 영향을 미친다.

코로나 블루 치유 - 한국무용을 통한 치유무용 개발

코로나 19 바이러스로 인해 우리나라는 물론 전 세계는 준전시 상황이다. 사회적 거리를 두라는 정부의 요구 때문에 방문하는 것도, 오라는 것도 민폐가 될까 봐 모든 국민이 자가 격리 상태로 제한된 공간에서 일과 생활을 하고 있다. 코로나 19사태의 장기화로 걱정, 불안, 의심을 동반한 심리 현상인 '코로나 블루' 증상을 호소하는 사람들이 생겨나기 시작한다. '코로나 블루'는 코로나 19와 우울증을 뜻하는 블루(Bule)의 합성어다. 우울증의 사전적 해석은 일시적으로 기분만 저하된 상태가 아니라, 생각, 의욕, 수면, 행동 등 정신적 기능이 저하된 상태를 의미한다. 우울증의 양상에 따라 특별한 치료를 받지 않아도 식이요법, 운동, 사회관계를 통해 충분히 회복될 수 있고 스스로 극복이 가능하다.

그러나 우울감의 지속으로 인해 식욕부진, 불안감, 대인관계 장애, 등 일상생활에 지장을 초래하며 극단적인 선택으로 불행을 유발할 수도 있다. 세계보건기구(WHO World Mental Health Survey Consortium. 2004)는 전 세계적으로 우울증으로 야기되는 부담을 세 번째로 큰 것으로 제시했으며 약 1억 2천만 명의 사람들에게 영향을 주는 장애의 2번째 주요 원인이라 했다(Murray CJ, Lopez). 또한, 2030년에는 가장 큰 질병 부담이 될 것으로 전망했다. 이는 전 세계적으로 가장 흔한 정신장애 중 하나이고(American Journal of

Public Health 2005) '마음의 감기'라 불릴 만큼 유병률이 높고, 꾸준하게 증가하고 있는 경향을 보인다.

우울증의 초기 현상에는 약물이 아니어도 본인 스스로의 의지로 회복 가능하며, 우울감이 지속돼 우울증으로 발전되기 전 개인 스스로 치유할 수 있다. 우울증 치료방법으로는 식이요법, 근육운동이 있으며, 치유를 위한 방법으로는 명상, 호흡운동, 아름다움을 느끼며 몰입할 수 있는 다양한 예술작업 등이 있다. 사회적 소통을 유지하는 동시에 규칙적이면서 지속적인 노력이 필요하다. 치유는 심리적 안정감을 줌으로써 상처를 입기 전에 예방, 보완, 방지의 역할을 한다. 치유는 개인의 특성을 고려하여 다양한 방법으로 수용하고 진행할 수 있으며, 현재 치유를 위한 프로그램으로는 명상, 요가 호흡운동, 숲 트레킹, 무용 치료, 복합예술치료 등이 있다.

이러한 관점에서 '통합예술 동작 치유 비경테크닉'은 현재 사회적 문제로 대두되고 있는 스트레스와 우울, 불안증을 약물이 아닌 예술치유 관점으로 회복할 수 있는 프로그램으로 개발했다. 우울 및 불안을 회복하기 위해서 아름다운 심미감을 주는 한국무용 중심의 단순한 동작과 세포 깊숙이 산소를 공급할 수 있는 호흡운동, 뇌 가소성을 촉진하는 명상을 적용한 새로운 프로그램을 개발해 모든 국민에게 집중명상을 통한 점진적 근육 이완 요법으로 제공하는 것이 목적인 프로그램이다.

'통합예술 동작 치유 비경테크닉'의 치유의 과정은 스스로 몰입할 수 있는 동작 기술을 습득하기 위함이다. 몰입의 상태에 들어가기 위해서는 개인의 경험과 적당한 동작의 숙련도가 필요하다. 능숙하지 않아도 몰입의 표현이 가능하게 적절한 동작 수행은 이루어지게 해야 한다. 동작과 호흡이 일치하고 몰입을 할 수 있는 소리(음악), 감성, 도구들이 적당히 활용됐을 때 일반인들이 쉽게 스스로 심신을 치유할 수 있을 것이다. 이러한 관점에서 전문 무용수의 한국무용 동작을 일반인들이 쉽게 수용할 수 있고, 신체 이완 운동과 신체교정에 적합한 동작들로 구성하여 개발하게 됐다.

2019년부터 시작된 일반인 대상 임상으로 완만한 춤동작을 통한 통합예술 동작 치유 비경테크닉은 신체 근육 이완, 심리이완이 삶에 긍정적인 영향을 제공하였다.

일상생활에 사용하지 않는 춤.
예술 근육 활용의 지혜

흔히 보편적으로 움직이는 근육의 형태는 단순하다. 일상생활을 하거나 직업적으로 많이 사용하는 근육, 무의식적으로 사용하는 근육들은 한곳으로만 집중적으로 움직여 오랜 시간 사용하다 보면 신체 손상을 가져와 질병으로 발전하여 힘든 고통이 되기도 한다. 자신의 일상에서 가장 많이 사용하는 근육이 어떤 것인지 관찰했으면 한다. 심리적 치유 현상으로서의 춤 운동은 감성과 관련된 동작을 의도적으로 생성함으로 신체를 표현하는 동작들이 일상적인 것에서부터 창의적인 표현까지 다양하다. 일반적인 운동보다 춤출 때의 동작은 예술적 감성을 통해 억압돼 내재된 감정을 몸 밖으로 표현해 심리 치료적인 효과까지 함께 하게 된다.

신체적 치유 현상으로서의 춤 운동은 척추를 바로 세워 동작을 시연하고 호흡과 집중명상을 통해 뇌 가소성이 활성화된다. 춤추는 운동은 근육을 부드럽게 이완해 주고, 호흡과 집중명상을 복합적으로 실시함으로 내분비계를 활성화해 장 기능을 건강하게 한다.

한국무용의 완만한 하체 동작은 근육 갑옷으로 경직된 근육을 부드럽게 이완, 강화하고 강도가 높은 운동이 아니어서 부상의 위험이 전혀 없다. 상체의 동작은 상완근 및 승모근을 활성화하는 동작 구성이 많아 어깨와 경추를 이완 및 강화한다.

　춤 예술을 통한 운동 프로그램은 큰 근육은 부드럽게 만들고 작은 근육들을 더 섬세하고 탄력적으로 강화한다. 또한, 자신의 인생을 스토리텔링해 심리적 이완과 근육 이완 두 가지를 동시에 해소할 수 있는 장점이 있다. 전문가 춤의 특징은 기술적인 면에서 아주 섬세하지만 춤 치유 프로그램은 운동적인 부분을 강조하며 일반인들이 쉽게 따라 할 수 있도록 단순하게 재구성했다.

　춤이라고 하면 여성의 전유물처럼 생각하는 남성들이 대다수다. 특히 우리나라 남성들의 춤에 대한 편견이 유독 심하기도 하지만 현재는 몸과 마음의 건강을 위해서 많은 변화가 일어나고 있다. 아름답고 원활한 가족관계, 대인관계를 위해서는 예술적 감수성이 풍부한 프로그램으로 남성의 무뚝뚝한 기질을 보강할 필요가 있다.

　경쟁 사회에서 자신을 몸에 대해 집중할 수 있고 자신을 수용하고 공감할 기회가 없다. 어릴 때 부모의 훈육은 타인의 성공가치에 초점이 맞춰져 앞으로 나아가기를 바라고, 그 훈육은 자신의 기질이 되어 외부 영향에 반응도가 높은 사람으로 살다 보면 스트레스와 불안이 지속돼 우울감으로 발전하게 된다. 성공하는 사람은 외부 반응에 대범하고 그것을 냉철하게 분석할 수 있어야 한다.

　춤 예술을 통한 운동 프로그램은 즐겁게 집중할 수 있다. 부드럽고 완만하고 아름다운 표현들이 동작이 되어 자신에게 내재된 아름다움에 대한 감성을 알아차릴 수 있다. 이를 통해 삶에 대한 가치를 회복하는 기회가 된다. 삶은 아름다운 여행이어야 한다. 자기 자신에게 집중하며 멀리 바라보고 넓게 모두에게 이로운 사람이 될 수 있는 자기만의 가치를 알아차리는 기회를 맞이하기를 바란다. 이는 외부의 부정적인 현상에도 대범해지며 냉철하게 현실을 분석하여 긍정으로 전환할 수 있는 밑바탕이 되는 훈련이다.

▲ 이정숙 : 한국무용치료의 이해와 적용

춤을 추는 것은 질병이나 장애로부터 신체와 정신을 보다 자유스럽게 표출하여 이완하는 것을 목적으로 한다. 억압된 정서, 정신적 경직성이 근육의 경련으로 이어지고 신체에 축적된다. 무용 치료는 방어적 신체를 부드럽게 이완하고 치유하는 역할을 한다.

인체의 중심축,
예술 동작 치유를 통한 코어근육 강화

우리 신체는 중심축을 기준으로 대칭적으로 동작이 일어나며 움직임을 형성하고 있다. 서로 밀고 당기며 대칭 동작에 무리가 없게 조력하고 있고, 직선과 굴곡, 좌우 회전, 수직적 움직임에 힘 있게 중심을 잡아 주고 있다. 이렇듯 인간은 중심축을 기준으로 대칭 운동을 하면서 몸의 균형을 잡아가며 삶을 운영하고 있다.

코어근육은 복부, 허리, 골반, 횡경막근과 관련되어 형성된 골격과 근육을 가리킨다. 코어근육이 안정되어야 일상생활에 무리가 가지 않는 삶을 누릴 수 있다. 코어근육은 신체의 중심에 위치하고 신체의 중심축의 역할을 하고 있다.

속 코어근육 강화는 내분비계 활성화를 통해 영양공급, 노폐물 배출이 원활해지고 척추를 안정적으로 잡아 준다. 이는 완만한 운동을 통해 호흡을 적극적으로 반영할 때 더 강화하는 데 좋은 영향을 끼칠 수 있는 춤 예술 프로그램을 적극적으로 추천한다.

예술치료 특히 춤 예술치료는 심리적 이완뿐만 아니라 잘못된 자세와 습관에서 시작되는 질병을 훈련을 통해 신체를 교정하고 정신적으로 부드럽고 아름답게 신체를 긴장 수축 이완해 주는 역할을 한다.

오랜 시간 억압된 정서와 정신적인 경직은 신체의 근육 경련으로 진행되고 이는 신체에 축적돼 근육 갑옷으로 발전하게 된다. 춤 예술치료 프로그램은 방어적 신체를 부드럽게 이완, 치유한다.

춤 예술치유 프로그램의 완만한 동작은 호흡을 충분히 활용하게 해 횡경막을 수축 이완시킴으로 속 코어근육을 강화한다. 또한, 척추를 바로 세우고 완만한 속도의 다양한 동작으로 하체 근육과 상체 근육을 강화한다.

이는 코어근육 강화 운동으로서 인간의 중심축을 강하게 보완하게 된다. 춤 예술치유 프로그램은 자세를 바로 세워 코어근육을 보다 많이 수축 이완하도록 진행되며, 특히 한국 춤은 호흡에 기준으로 한 완만한 움직임은 호흡을 충분히 반영하며 진행할 수 있어 코어근육을 더 강하게 보강할 수 있는 장점이 있다.

한국 춤 예술치유 프로그램의 완만한 움직임은 유산소운동의 기능을 함께 겸하고 있고, 시간의 흐름에 따라오는 몰입으로 무의식으로 진입해 내면 치유까지 완성하게 된다.

춤 예술운동의 첫 시작은 동작을 따라 하며 삶에서 사용하지 않는 근육의 이완, 동작을 외우면서 뇌 활성화가 시작된다. 이에 시간이 흐름에 따라 몰입도가 높아지면서 뇌 가소성이 진행돼 정신과, 육체 치유에 이르게 된다.

춤 예술운동은 억압된 정서를 아름다움과 부드러움으로 에너지를 소통하는 기제로서 물리적 순환을 더욱 쉽고 빠르게 하는 데 도움을 줄 수 있다.

우리는 흔히 타인에 의한 수동적인 인체 외부 마사지 선호하고 있다. 외부 자극인 마사지 효과 보다, 전문 프로그램을 통한 춤 예술운동은 프로그램을 진행할 때의 효과는 본인이 느끼는 강도가 육체적 정신적으로 완전히 다르게 반응한다. 외부 마사지 효과는 본인이 느끼는 즉각적인 강도는 세지만 효과의 지속성은 떨어진다.

그러나 전문 프로그램을 통한 춤 예술운동은 즉각적인 느낌은 완만하지만, 효과의 지속성은 시간이 흐를수록 강하게 작용한다는 것이다.

전문적인 춤 예술치유 프로그램은 예술적 심미감으로 심리를 이완하고, 완만하고 부드러운 섬세한 동작을 통해 근육을 디테일하게 강화하고, 특수하게 구성된 동작으로 내분비계 순환을 원활하게 하여 건강하고 행복한 삶을 향유할 수 있도록 한다.

지속적인 유산소 운동은 시간이 길면 길수록 신체에 긍정적인 효과와 반응이 탁월하게 좋아지며 요요현상도 줄일 수 있다.

춤의 동작은 예술의 움직임으로 의도된 작품의 표현 동작으로 구성되어 일상적이지 않은 근육들을 사용하게 되어 있다.

신체를 이완하는 부드러운 동작은 일상에서 사용하지 않은 근육들을 활성화하여 쇠락한 근육을 복원하는 데 도움을 준다.

마음을 열다

인공지능 시대 휴먼테라피가 답이다

디지털 고독 시대, 감성기술 전문가와의 따뜻한 소통과 공감이 우울을 회복한다.

2019년 인공지능(AI)과 이세돌과의 바둑 대결은 세계적 이슈가 돼 모두의 두뇌에 AI 존재감을 확실하게 인식하게 되는 계기가 되기도 했다. 패스트푸드점에서부터 시작된 키오스크(Kiosk·터치스크린 정보전달 시스템)가 점원들을 대신하면서 전국 휴게소에도 음식 주문을 위한 키오스크가 사람을 대신하고 있다.

사람 중심으로 이뤄졌던 산업이 4차 산업혁명이라는 피켓을 걸기 전부터 생산설비가 로봇이 사람을 대신하기 시작했다. 이미 우리는 전화기로 들리는 ARS 여성의 음성이 이제는 별로 낯설지가 않지만 건조한 ARS 목소리를 따라 다음 단계로 수행하기에는 스트레스가 점점이 쌓이기도 한다. 코로나 19로 인해 비대면 강의 자료를 준비에 모든 사람이 양방향 소통보다, 일방적인 한쪽의 강의를 전달하게 되고, 듣게 된다. 이를 통해 학생들의 불만은 강의가 너무 건조하니 빨리 개강하기를 요구하고 있다. 정부의 방역지침에 의한 요구사항에 의해 사람과의 대면을 피하고 디지털 기기로 소통을 한 것이 한 달이 넘자 모든 국민이 '코로나 블루(코로나 19로 인한 우울 증상)'를 경험하고 있는 현상이다. 스마트폰을 통해 다양하게 소통하고 있지만 그래도 사람 간의 대면의 소통을 통해 공감하고 따뜻한 온기를 교류하면서 우리가 인식하지 못하는 치유를 하게 된다.

영국 BBC의 분석을 보면 인공지능이 로봇이 산업에서 인간을 대신하겠지만 무엇보다 사람의 감정이 중요한 직업에서는 로봇이 인간을 대신할 수 없을 것이며, 인간을 실제로 이해하고 소통하는 능력에 있어 인공지능은 인간과 경쟁할 수 없다고 한다. 진정한 공감과 소통, 인공지능 또는 로봇이 할 수 없는 영역이라고 본다. 상대의 아픔을 공감하고 따뜻하게 소통할 수 있는 감정기술은 사람만이 할 수 있는 영역이라고 본다.

기술이 한 부분을 채워 인간의 기술을 고도로 발전시킬 수는 있지만, 인간 본성의 감성을 치유하거나 인성에 대해 교육은 할 수 없다. 인공지능을 포함한 로봇기술이 발달하면 할수록 그 반대편에 서 있는 사람들을 위한 치유를 위한 산업이 고도로 발달 될 것이다. 사람을 위한 치유는 개인의 존엄성과 개인의 내면을 찾아가면서 자연과 함께 되는 것이다. 그것을 통해 비로소 자존감을 획득하게 되고 외부 스트레스로부터 자유로워지게 된다. 치유를 통해 창의적인 발상과 소통을 동시에 가져와 개인과 사회가 건강하게 발전하게 되는 전환점이 된다. 이에 사람과 사람 간의 소통과 공감으로 따뜻한 치유와 소수의 인원으로만 이루어진 고기능 힐링 프로그램 산업이 발달 될 것이다. 이에 감성기술 전문가의 직업이 고도로 발달할 것이다.

전쟁을 통한 격동기에 산업발전에 몰두했던 시절의 부모를 두고 자라온 지금의 7080세대부터 그 이후 세대까지 자신의 내면을 치유할 수 있는 훈련이나 교육을 받지 못했다. 코로나 19를 통해 또 다른 사회적 소통의 전환점에 와 있는 우리는 자기 자신의 내면을 치유하여 자가 면역력을 기를 수 있는 노력과 시간을 투자해야 한다. 질병이 시작하기 전 매일 식사하듯 치유를 섭취해야 한다.

자기 자신 알아채기 훈련 1

매일 30분 완만하고 단순한 동작과 함께 다음의 한 개의 화두로 집중하면서 자신의 내면을 관찰해보자

1. 자신의 몸에 집중할 수 있다.
2. 자신의 호흡에 집중할 수 있다.
3. 자신에게서 일어나는 생각에서 쉽게 벗어날 수 있다.
4. 자기에게 주어진 일을 끝까지 처리하는 집중력이 좋다.
5. 자신이 신체가 건강하다고 생각한다.
6. 자신의 정신이 건강하다고 생각한다.
7. 자신이 소중한 사람이라고 생각한다.
8. 잠을 잘 잔다.

성공이라는 정상에 있어도
자기 자신을 모르면 불행이다

자신의 내면을 알아차리면 매일이 행복하다

사람은 태어나면서 가족이라는 울타리 속에서 사회적 관계를 훈육 받기 시작한다. 그것은 의식적인 것과 무의식이 혼재되고, 합리적 또는 비합리적인 힘의 논리에 의해 훈육된다. 부모의 경제적 문화적 환경이 한 사람의 인생의 항로를 좌우하는 무의식의 힘을 가지고 있기 때문이다. 불행과 행복이라는 초기 현상을 형성하는 기초가 되기도 한다.

학령기 연령이 내가 어릴 때는 초등학교부터이지만 현재는 3~4세 어린이집과 유치원부터 이후 초·중·고 제도권 정규과정을 수행하게 된다. 이 과정에서 또래의 집단 사회성이 형성되며, 우월감과 열등감, 친밀감과 소외감 등 다양한 현상 속에서 심리가 형성되어 어른이라는 이름으로 성장과 성숙을 하게 되는 것이다.

지금의 제도권 안에서는 대학입시 중심의 성과와 결과만을 강조되게 훈련받는다. 아이들이 본래 갖고 태어난 인성과 감성은 중요하지 않다. 성적을 통해 일류 대학을 갈 수 있을지에 대한 순위가 아이들의 인격이 된 지 오래다. 자신의 감정의 기복을 다스릴 줄 아는 내면의 교육은 전혀 필요치 않고 오직 성적으로 자신의 가치를 판단하게 하는 제도권의 교육이 지금의 현상이다.

6.25 전쟁과 폐허, 그곳에서 경제성장을 이룩하기 위해 뼈를 깎는 고통의 세월 견뎌낸 우리의 할아버지 아버지 세대를 거쳐 경제성장을 이룩한 지금까지 자기 자신의 내면의 가치를 훈육 받지 못할 만큼의 문화적 환경이 열악했던 것은 사실이다. 가난을 이겨내야 했던 세대의 좋은 부모는 돈 벌어 배 굶지 않게 하는 것이 최선의 문화였다.

새마을 세대를 거쳐 지금은 승자와 패자만 있는 잔인한 생존경쟁의 세상이다. 타인을 믿지 못하며 사소한 일에 개인의 감정을 절대 드러내지 않는다. 성공을 위한 세련된 외모, 스펙, 처세술, 매너 등 비정상적인 자기관리에 집착한다. 과잉된 일터의 집중이 삶의 고저를 심하게 만들어 우울 불안을 형성하고 자살 충동에 시달리기도 한다.

모든 것이 성공과 관련되어 있어서 주의 집중해야 할 중요도 순위를 적절히 선택하지 못하며, 성공이라는 환경에 있어도 적절히 누릴 줄 모르고 불안해한다. 자기 자신에게 휴식을 주고, 배려하고, 자신에게 따뜻하게 대할 줄 아는 이는 극히 드물다. 대상이 없는 열등감으로 무장되어 공격적인 전진만 있을 뿐인 현상이다. 어쩌면 그 열등감이 대상은 자기 자신인지도 모른다.

"나는 누구인가? 나는 어디서 왔는가? 나는 지금 무엇을 하고 있는가?"라고 스스로 질문해 본 적이 있는지 묻고 싶다. 자기 자신도 잘 인식하지 못하면서 성공은 하려 한다. 성공의 목표는 자기 자신에게 주는 선물인가? 타인의 시각에서 비치는 자신의 가치척도인가? 스스로에게 질문해야 한다. 타인의 시각에 비친 자신은 화려한 옷을 걸친 현상일 뿐이다.

성공도 행복도 순간순간의 찰나라고 본다. 자신의 내면의 자존감이 굳건하다면 지금 사는 모습에서 모든 현상은 성공과 행복과 직결된다고 본다. 과거에 집착하지 않고 현재의 자신에게 따뜻한 보살핌으로 긍정의 관심을 주어야 한다. 여행, 음악, 책, 치유(Therapy) 등 휴식을 통해 삶의 여백을 주어야 혼자 있어도 외롭지 않게 된다. 따뜻하게 소통할 수 있는 이와 차 한 잔과 담소를 나눌 수 있는 시간을 적절히 가지는 것도 좋은 방법이다.

자기 자신의 내면이 굳건해야 행복하다. 이를 통해 세상의 파도에 출렁이지 않고 담대하게 자신의 이상을 펼쳐 나아갈 힘이 생기는 것이다. 자신의 내면이 없는 삶은 언제나 불안과 우울함이 계속될 것이다. 필요하다면 전문가의 도움이 인생을 향기롭게 만들 수 있는 전환점이 될 것이다.

자기 자신 알아채기 훈련 2

매일 30분 완만하고 단순한 동작과 함께 다음의 한 개의 화두로 집중하면서 자신의 내면을 관찰해보자

[자기 감정조절 능력 / 타인의식]

1. 욱! 하는 마음을 알아챌 수 있다.
2. 욱! 하는 마음을 통제할 수 있다.
3. 평소 불안한 마음을 자주 느낀다.
4. 자기만의 스트레스 해소법이 있다.
5. 타인의 말에 신경 쓰지 않는다.
6. 타인의 시선에 신경 쓰지 않는다.
7. 타인의 기분에 신경 쓰지 않는다.
8. 타인의 일에 신경 쓰지 않는다.

내면경영!

자신을 품격 높은 매력으로 이끄는 아름다운 힘

자신의 운명을 바꾸려면 도전하라!

1960~70년대 우리 부모들의 보편적인 모습은 타인의 영광스러운 모습을 내 자식이 그대로 발현해 주었으면 하는 바람과 자신의 가난을 자식을 통해 보상받고자 했다. 자식의 본연의 내면은 존중받지 못하고 가난을 떨치기 위한 이상적 목표에 초점을 두고 그저 열심히 뒷바라지했다. 그렇다 보니 타인의 아름다운 성공은 우리 자식의 이상적 목표가 되어 훈육과 가정교육이 올바른 길이라고 믿어 의심치 않았던 시절이기도 하였다.

그러나 우리는 지금 힘든 시절을 지나 국가 전체는 경제적으로 풍요로워졌지만 현재의 개인의 삶은 아름답지 못하게 평가 받는 현실이다. 목적 중심의 훈육은 세대를 지나 또 다른 목적 중심의 훈육으로 대물림되고 있는 현상이다.

부의 상징들을 향해 항해하는 이들은 가리개를 씌워 달리게 하는 경주마가 되게 만든다. 시야가 넓지 못하고 앞만 보고 질주하는 경주마. 삶은 질주하는 경주마가 아니다. 삶은 아름다운 성숙으로 가는 소풍이며, 여행이어야 한다.

앞만 보고 달리던 경주마들이 코로나 19로 인해 멈춰 버렸다. 달리기만 하던 이들은 어떻게 어떤 방법으로 여백이란 것을 채워야 할지 헤매는 현상을 본다.

코로나 19를 통해 비로소 자신을 둘러보는 계기도 될 수 있었을 것으로 생각한다. 외향적 요소에만 치중된 목적 중심 삶을 이제는 내면을 살찌우는 아름다운 내면경영으로 전환해야 할 시기에 와 있다. 오롯이 자신의 내면을 알아채고 자신이 어떤 것을 추구하고 원하는지 현재의 자기 삶에서 재조명해 보는 기회로 만들어야 한다.

내면경영은 운명을 바꾸는 힘이다. 목적을 향해 질주하는 자신에게서 벗어나 쉬어야 할 때, 그리고 나아가야 할 때를 분별할 줄 아는 내면경영은 자신을 행복이라는 아름다움으로 살찌우게 된다. 그리고 자기 자신을 정확하게 인식하고 판단될 때 자신을 최상의 위치로 끌어 올릴 수 있는 지혜의 힘이 생긴다.

자기 자신을 너무 냉철하게 몰아치다 보면 자존감이 무너져 심리가 비정상적인 현상으로 표현되어 자신의 사회적 가치에 문제가 발생하기도 하고, 과도한 스트레스 누적으로 치명병인 질병이 발생하여 모든 사회적 현상을 접어버리는 사람들도 수없이 많다.

천천히 나아갈 때와 거침없이 확장할 때, 혹은 쉼이라는 에너지충전의 기회를 자기 스스로 판단하고 지혜롭게 경영해야 한다. 이것은 한순간 무너짐을 방지하고 오랜 시간 long-run 할 힘이 되는 것이다.

우리의 부모에게 배우지 않았다면 이제는 우리 스스로 내면경영의 지혜를 쌓아야 한다. 자신의 내면경영을 통해 자신을 사랑하는 방법, 자신을 긍정의 에너지에 합류시키는 방법, 자신이 처해 있는 현재의 환경을 냉철하게 판단해 지혜롭게 진행하는 방법, 그리고 부정적인 에너지를 긍정적인 에너지로 전환하는 방법을 알아가야 한다.

처음에는 의도적인 치유전문가를 통해 자신 스스로 내면경영의 지혜를 이해하는 계기가 될 수 있도록 해야 한다. 한 번도 경험하지 못한 것은 처음에 접근하기가 쉽지 않다.

우리는 보통 문제가 생겨야 병원을 찾거나 상담사를 찾아 해결하고자 한다. 육체와 정신에 문제가 생긴 후에는 회복되는 과정이 그만큼 힘들고 복잡하다.

문제가 생기려는 신호는 개개인 누구에게나 다양한 방법으로 육체, 정신에서 신호가 온다. 평상시에 느끼지 못했던 것들이 산발적으로 나타난다면 꼭 자신을 점검해 보아야 한다. 쉽게 무시하며 보내지 말아야 할 것이다.

자신의 운명을 바꾸려면 도전하라! 내면경영으로 또 다른 시작을.

자기 자신 알아채기 훈련 3

매일 30분 완만하고 단순한 동작과 함께 다음 한 개의 화두로 집중하면서 자신의 내면을 관찰해보자

[가족관계 인식 / 사회성 인식]

1. 가족들과의 소통이 원활하다.
2. 배우자와의 소통이 원활하다.
3. 자녀들과의 소통이 원활하다.
4. 반려동물과 함께 놀아줄 수 있다.
5. 직장 동료들과의 소통이 원활하다.
6. 이웃 사람들과 소통이 원활하다.
7. 동호회 활동이 원활하다.
8. 종교 활동을 하고 있다.

물리적 환경에 사는 우리의 지혜로운 내면경영

　사람이 개개인이 지닌 물리적 에너지는 세상의 피어나는 꽃들보다 더 화려하고 다양하다고 하겠다. 초·중·고 과학책에서 배운 정보만으로도 우리 삶에 물리적 에너지가 늘 함께 존재한다는 것을 인식해야 하지만, 우리는 무의식 속에서 무개념으로 물리적 현상을 접하고 있는 것이 현실이다. 과학자들은 우리의 일상에 있는 물리적 현상을 발견하고 그것을 우리의 실생활에 필요하고 인간에게 이로운 것들을 계속적으로 연구 개발하고 있다. 과학자들이 오랜 시간 지속적인 연구와 개발의 발전으로 현재의 풍요로운 삶을 누릴 수 있게 된 것이고, 앞으로도 물리적 현상을 우리의 실생활에 합리적인 상품으로 나타낼 것이다.

　일반인이 물리적 현상을 이해하여 자신의 에너지를 지혜롭게 활용하면 삶이 더 행복하고 윤택해 질 것이라고 본다. 옛 선인 지식인들은 동양 철학사상을 통해 일상의 물리적 현상을 자신을 수련하고 내공을 쌓는데, 적극적으로 활용하였다는 문헌들이 많다. 화담 서경덕도 이기설을 통해 자신을 수련하고 더 많은 학문을 연구하고 후학을 양성하여 수많은 업적을 쌓았다. 자신이 말하고 행동하는 물리적 에너지가 자신을 긍정의 멋진 모습으로 표출하기도 하고, 또는 반대로 부정적으로 탁한 공격적 모습으로 표출하기도 한다. 자기 안에 있는 물리적 에너지의 무의식적 발산은 자신이 지닌 모든 가치를 그렇게 포장해 가고 있다. 그것이 화사한 긍정의 상품이 될 것인지, 부정의 품질이 낮은 상품이 될 것인지는 자기 스스로의 몫이다.

사람들과 소통해보면 모든 현상에 긍정으로 반응하는 사람, 반대로 부정으로 반응하는 사람들이 있다. 긍정 반응의 사람들은 얼굴이 화사하고 경쾌하며 상대의 반응에 대해 느긋하다. 그와 반대로 부정 반응의 사람은 현상에 대해 늘 부정과 공격적인 언어를 사용하는 것이 보편적이며 얼굴 근육이 경직되어 있으며 피부 색조가 건조한 것을 볼 수 있다. 자기 자신을 객관적으로 이해하기 위해서는 내면을 들여다보는 훈련이 필요하다.

내면을 들여다보는 훈련은 바쁘고 산만한 일상에서 잠시 벗어나 자신에게 집중하며 신체를 이완하는 과정에서부터 시작이 된다. 전문가의 조력 때문에 자기 자신을 이해하고 수용하여 자신을 보완, 실천하는 노력을 해야 할 것이다. 세상에서 제일 힘든 작업은 습관을 변형하는 것이기 때문이다.

자기 안에 무의식적으로 흐르는 물리적 에너지를 이해하고 수용하는 내면경영을 시작으로 자신에게 다가오는 외부의 물리적 에너지를 읽을 수 있어 슬기롭게 삶을 경영할 수 있다. 러시아 양자물리학자 바딤 젤란드(Vadim Zelend)는 "한 사람의 생각이 그의 현실에 직접적인 영향을 미친다. 정확히 자신이 선택한 것을 얻는다."라고 하였다. 좋은 것이든 나쁜 것이든 생각할 때 사념 에너지가 가능태 공간 속으로 방사되고, 그 에너지는 특정 섹터에 작용하고 이 상호작용이 그에 상응하는 변화를 당신의 삶에 가져온다(Reality Transurfing).

우리 모두는 일상생활 모든 것이 물리적 현상에 살고 있는 것을 인식해야 한다. 개인의 물리적 에너지는 외부의 사회적 에너지와 긍정으로 잘 순환되어 삶을 지혜롭게 운영 할 수 있어야 한다. 자신의 내부에 존재하는 물리적 에너지를 이해하고 수용하는 내면 경영이 제일 중요하다. 전문가의 도움으로 시작해야 쉽게 접근 할 수 있을 것이다.

마음의 세 기둥

- 집중된 주의력 – 집중을 유지하는 능력을 말한다. 산만해지는 요소를 무시하거나 마음속에 일어났을 때 놓아버리고 다시 주의력의 대상에 집중한다.
- 열린 알아차림 – 마음이 현존함을 뜻한다. 의식 속의 대상들을 받아들이면서 집착하거나 휩쓸리지 않는 상태를 유지한다.
- 친절한 의도 – 자기 자신에 대해, 그리고 사람들 간에 배려, 연민, 사랑을 간직한 마음 상태를 유지하는 능력이다. 전자는 자기에 대한 자비로서 내적 연민이라 부를 수 있고, 후자는 타인에 대한 자비로서 상호 연민이라 할 수 있다.

〈알아차림 : 의학박사 Daniel J. Siegel, MD〉

통찰, 직관을 깨우는 방법-타고난 기질의 보완

태어나면서 타고난 기질을 통해 사회적 소통을 하며 삶을 꾸린다. 타고난 기질은 유전적 영향도 있지만, 부모의 기질로 훈육되고, 자라면서 또래를 통한 상호작용에 의해서도 기질이 복합적으로 형성된다.

개인마다 성향이 다양하기에 어떤 성향이 좋고, 나쁘고를 따지기가 어렵다. 개인이 가진 기질이 사회적 현상에 반응하며 긍정으로 표출되느냐, 부정으로 표출되느냐에 따라 사회적 가치가 달라지기 때문이다.

하지만 긍정으로 표출된 것이 세월이 지나 부정으로 평가받기도 하고, 부정으로 표출된 것이 긍정으로 평가받기도 하는 아이러니도 발행하는 일이 빈번하기도 하다.

오늘의 일이 긍정으로 반응하여 좋은 성과를 거두지만 어느 때 어느 순간 부정으로 표출돼 삶을 일순간 흔들어 놓기도 하는 일들을 주위에서 자주 볼 수 있는 현상이기도 하다.

동양사상은 우주라는 큰 틀로 개념을 인식하게 하여 사고를 확장해 통찰의 기능을 얻을 수 있다. 통찰은 전체적인 흐름을 인식하여 완만한 사고를 형성할 수 있다. 과학이 발달하지 않았을 때의 인문학적 용어로 표현한 통찰의 기법들이라 하겠다.

서양의 학문적 개념은 부분을 아주 디테일하게 비교 분석 연구해 당장 현실에 유익한 것들을 얻을 수 있는 기능을 과학이라는 이름으로 발전해 현재에 이르게 됐다.

현재는 과학적 문명에 길든 용어, 기법들이 훈련돼 통찰보다는 현재와 부분에 집중하는 훈련이 됐다고 할 수 있다. 두 가지를 비교해보면 통찰과 부분인데 결국엔 하나다.

하루하루가 다르게 급변하는 정세 속에서 굳건하게 지속하려면 통찰의 능력을 키우는 것이 필요하다. 숲을 보고 숲속에서 일어나는 다양한 변화를 통으로 볼 줄 아는 능력은 자기 자신을 받쳐 주는 강한 에너지가 된다. 숲을 바라보는 통찰, 그리고 변화하는 자연의 현상을 한 눈으로 알아채는 직관력을 훈련해야 한다.

따라가기에도 급급한 현재의 상태에는 잠시 멈추고 쉼이라는 이름으로 자신을 되돌아보면서 통찰할 수 있는 사고의 여유를 줘야한다. 매우 급하게 돌아가는 삶의 시스템에서는 통찰하는 기능은 급격하게 떨어진다. 아무리 바쁘더라고 주기적으로 자기 자신에게 여유와 쉼을 주어야 더욱 넓은 세상을 바라볼 수 있는 통찰이라는 기능을 부여하게 된다.

휴식이나 여행이라는 이름의 구체적인 쉼을 줄 수 없다면 일상에서 느림의 움직임을 통한 이완을 추천해 본다. 빠른 테크닉의 운동보다는 느린 속도의 움직임과 명상, 호흡운동을 통한 여유와 쉼을 주어도 좋다. 통찰을 알게 되면 화나고 열 받는 일이 줄어든다. 또한, 급하지도 무기력하지도 않게 완만하게 삶을 진행하는 여유가 생긴다. 자기 자신을 올바르게 관찰하고 타고난 기질을 이해하고 수용하며 그것을 통해 사회와 긍정적으로 소통해 창의적이고 적극적인 사람이 되는 것이다. 누구나 할 수 있다. 혼자 시작하기 힘들면 전문가의 도움을 추천한다.

- 내면의 세계가 변할 때 그 결과가 빠르게 나타나는 부분이 인간관계인 것이다. 내면의 세계가 바뀐 상태로 계속되면 결국은 물질적인 부분도 원하는 데로 변하고 삶 자체가 변한다.

〈양자물리학적 정신치료 : 신경정신과 의학박사 김영우〉

한국무용을 통한 감성몰입과 진동 치유

양자물리학적 접근법

태초부터 우리의 몸짓으로 현재까지 전통을 이어져 오는 춤과 현대적 감성의 새로운 옷을 입혀 전통을 새롭게 해석한 춤 모두를 아우르는 지금의 한국무용은 고기능 예술적 테크닉으로 무대 위에서 관객들을 맞이하고 있다. 또 한편에서는 보편타당한 일상적인 삶에서의 치유의 관점으로 우리 춤을 단순한 움직임으로 모두가 함께하기도 한다.

우리 민족은 약물과 의료상의 처치에 의존하기보다는 몸을 움직여 몸과 마음을 이완하고 치유하였다. 노동현장에서, 명절의 축제에서 삶의 곳곳에서 춤이라는 움직임을 통해 삶의 고통을 해소하기도 하였다. 서구에서 무용치료의 역사는 1940년대와 1950년대에 새로운 동작치료로 탄생하여 우리나라에 유입되었으나 서구중심의 사고 속에서 전개 진행되어 이루어져 오고 있다.

사람은 태어나면서 오랜 시간 동안 외부의 자극에 반응하며 심리와 육체를 긴장과 위축되어 있다. 위축된 심리와 육체는 개인의 환경에 따라 다양한 부작용으로 나타내고 있다. 심리적 불편한 현상인 우울, 불안이 먼저 시작되면서 육체적 파장으로 나타나기도 하고, 반대로 육체가 먼저 반응하고 심리가 뒤따라가는 현상으로도 나타난다.

급변하는 현대 사회적 현상에 의한 스트레스 누적으로 인한 다양한 질병들은 우울, 불안의 정신적 현상으로 시작되어 육체적 질병 현상으로 발전되는 경향을 보편적으로 보여주기도 한다. 고도로 발달한 사회적 현상은 그만큼 고도의 섬세함이 요구되는 일들이 많아짐으로 인해 더더욱 스트레스 관련 정신적 질병도 증가하고 있다.

우리는 물리적 환경 속 진동자*로서 다양한 진동 속에서 서로 교류하고 있다. 이 진동은 빛과 파동으로서 자신이 가진 고유한 것과 외부의 다양한 것(타인, 기계적인 것들, 중력의 힘 등)들과 교류하고 있다. 이런 현상이 흑과 백의 양면성을 띠며 다양한 현상을 만들어 내고 있어 이것에 반응하는 우리 몸도 개인의 차이에 따라 다양한 현상들이 나타나고 있다.

> *** 진동자**
> 파동 입자의 이중성(wave-particleduality)양자물리학에서 모든 물질이 입자와 파동의 성질을 동시에 지니는 성질이다.

이 진동자들의 교란을 편안하게 만드는 것이 바로 의도적인 춤 운동이라고 생각한다. 춤 운동은 음악이라는 진동자와 몸을 움직이는 육체적 진동자가 동시에 반응하게 하여 불편한 신체의 리듬을 안정으로 가져가게 하여 심리적 이완까지 포함하게 된다.

일반적인 춤 운동은 대칭 운동이 되지 않는다는 단점도 있다.

이를 보완하기 위해서는 무대 위의 춤을 대칭 운동이 될 수 있도록 보완, 개선하여 대칭 운동으로서 신체의 리듬 바란스를 맞출 수 있어야 한다고 본다. 한국무용은 완만한 춤사위를 구성하고 있어 호흡운동을 적절히 배치하여 호흡운동도 병행할 수 있는 장점이 있다. 그리고 한국무용은 우리 정서에 안성맞춤인 춤 예술로서 동작 학습이 적당히 수용되고 나서부터는 몰입을 통한 집중명상 춤 운동으로 가장 적합하다고 하겠다.

양자물리학적 접근법을 통해 현대 의학이 해결하지 못하는 다양한 현상들을 약물을 통하지 않고도 누구나 쉽게 이해하고 통증을 해소할 수 있도록 훈련할 수 있다. 그것은 현상에 대한 수용 노력과 점진적 지속적인 운동 노력이 함께 하여야 할 것이라고 본다. 양자물리학적 정신치료(2020)를 저술한 김영우 박사도 물리적 현상들이 신체에 어떻게 반응하고 그 현상이 다른 반응으로 나타나는 것에 관해 이야기하고 있다.

우린 아직도 현재의 의학, 과학이 해명하지 못한 것들에 대해 샤먼적인 단어와 이해로 점철되고 있다는 현실에 수많은 사람이 고통스러워하고 있다. 우리 신체 속에 내재된 에너지를 이해하고 외부의 주변 에너지들이 어떻게 작용, 반응하는가에 대한 것들은 양자물리학* 이론들에서 답을 찾을 수 있다고 본다.

- 의식을 실제 에너지로 이해하고 환자의 의식이 어떻게 작용하는가에 따라 그의 신체를 포함한 주변의 물리적 현실이 변한다는 사실과 시공간의 물리적 현실을 창조할 수 있는 잠재적 에너지로 가득차 있음을 밝혀낸 양자물리학 이론들 속에서 답을 찾을 수 있다.

〈양자물리학적 정신치료 : 신경정신과 의학박사 김영우〉

CEO의 내면경영

CEO의 보이지 않는 눈물

CEO의 우울·불안을 회복하기 위한 전문 치유살롱

　　CEO의 능력, 경영과 관련된 모든 가치관과 경영실적을 정보로 기업의 다양한 마케팅 비주얼과 브랜드로 평가되고 있다. 이렇듯 기업경영의 CEO의 비중은 최고 경영자의 위상보다 기업 능력의 가치를 측정하는 판단 기준으로 인식되며, 기업의 존폐를 좌우하기도 한다.
　　CEO는 경제시장의 끊임없는 변화에 적응하고 혁신이라는 이름의 변화에 앞장서거나, 변화를 기회로 선도하는 CEO들도 있고, 원칙과 솔선수범으로 안정된 노사관계를 유도하여 기업의 흐름을 원활하게 하는 CEO의 유형도 있다. 기업경영에서 둘 다 없어서는 안 되는 상생 보완적인 관계의 두 유형이다.

학창시절 아버지의 부도로 가세가 기울면서 파산한 CEO의 고통을 어린 자식의 시선으로 보기도 했고, 상업고등학교를 졸업하고 중소기업 경리로 근무하며 공부하던 시절, CEO의 힘든 고뇌를 사원의 시선으로 접했었다.

또한, 본인이 접한 다양한 사회적 소통 관계에서 CEO와의 교류를 통해 인식된 그들의 삶은 그다지 녹록지 않았다. 물론 본인도 예술 산업 CEO로서 만만치 않게 다가오는 현실들을 이겨내고 있기도 하다.

삼성경제연구소 설문 조사에 의하면 국내 최고 경영자 94%는 'CEO이기에 남몰래 눈물을 흘려본 적이 있다'라고 대답했다. 이처럼 CEO는 경영의 최전선에서의 고충과 애환을 짊어지고 있다. 또한, 한 가정의 가장의 책임 또한 똑같은 무게로 그들의 양어깨에 올라앉아 있는 것이다. 현재 신종 코로나바이러스 감염증(코로나 19) 현상으로 국내 모든 기업의 CEO의 정신적 경제적 중압감은 말로 설명할 수 없을 것이다.

청년·중소기업·의료·소상공인 CEO, 대기업 중견 관리자 등 그들은 일반인들과 사고, 소통의 체계가 다르다. CEO들이 몸과 마음을 이완하며 휴식을 취할 수 있거나, 자신의 고뇌를 들어주고 상담을 해주는 곳이 드문 현상이다. 더군다나 CEO를 최적으로 이해하고 수용하며 신체적, 정신적 이완도 함께 도와주는 프로그램이 필요하다. 여러 곳을 찾아다니지 않고 한곳에서 다양한 소통과 품질 좋은 서비스를 받을 수 있는 환경이 있어야 한다.

전문 치유살롱은 CEO의 점진적 근육 이완 요법으로 육체와 정신 건강을 이완해 주고 명상과 호흡운동을 통해 우울과 불안을 회복한다. 또한, 스트레스로 경직된 신체 근육을 춤 치유를 통해 부드럽고 완만하게 회복시킨다. 이렇게 습득된 동작은 휴식이 필요한 어느 때나 사무실 또는 작은 공간에서 충분히 그들의 심신 피로감을 해소할 수 있어야 한다.

CEO의 심신 케어를 위한 치유살롱은 점진적 근육 이완 요법을 통한 통합예술 동작 치유는 명상, 호흡운동, 차담, 카이로프락틱, 전문심리상담, 풍류살롱, 휴먼컨설팅 등 최고의 전문가들이 CEO의 고뇌를 이완해 스트레스 누적으로 인한 우울과 불안을 회복하고자 하는 CEO 전문 프로그램으로 진행하여 전문분야로 성장할 수 있다.

스티브 잡스는 매일 명상을 통해 자신을 다스렸을 뿐만 아니라. 세계적 유명한 CEO들은 자기 자신에게 집중하는 시간을 철저하게 지켰다. 기업의 성공과 안정을 위해서는 CEO 자신에게 투자하는 시간을 아끼지 말아야 한다. 그 속에서 또 다른 창의적 변화와 혁신을 맞이할 수 있기 때문이다.

CEO의 건조한 삶을 따뜻하게 충전할 곳이 필요하다.

건강한 기업을 육성하기 위한 방안

사업체를 운영하며 새로운 콘텐츠를 수익 모드로 전환하기까지 2~3년의 기간이 걸리거나 길게는 더 많은 세월을 투자라는 명목으로 인내의 세월을 스스로를 다스리며 외부의 질책에도 묵묵히 지켜 나가야 하기도 한다.

필자 역시 예술인으로서 사업체를 꾸리며 세상보다 앞서가는 예술 중심 사업을 다양한 형태로 실행하며 세상의 달갑지 않은 시선을 받아도 때가 올 때까지 보완하며 버티기도 한다.

본인이 전통예술에 ICT를 융합해 Show 콘텐츠를 만들어 산업화시켜야 한다고 브리핑자료를 들고 전국을 다녔었다. 다양한 자리에서 다양한 사람들과 만나면서 늘 듣는 얘기는 "참 어려운 일 하십니다"라는 소리다.

예술에 산업을 적극적으로 적용하다 보니 다른 사람들이 생각하지 못한 콘텐츠로 앞서가는 것이고, 그것을 상품화시켜 부가가치로 전환해야 한다는 것이 본인의 생각이다. 본인뿐만 아니라 창의적으로 앞서가는 벤처사업가들은 국내의 보수적 환경에 지쳐서 콘텐츠를 들고 해외로 떠나가기도 한다. 불필요한 규제와 나아갈 수 없는 방어벽들이 수도 없이 가로막혀 있기 때문이기도 하다. 그렇게 수많은 고비를 넘길 때는 모두가 관심을 주지 않다가도 사업이 대박행진을 시작하면서 귀하신 몸 대접을 받게 되는 행복한 현실이 다가오기도 한다.

인고의 시간 동안 CEO의 육체와 정신은 건조한 사막화가 시작되었는데도 사업의 고공행진에 CEO 자신은 어느 순간 공인으로서 자신의 사막화는 돌보지 못하게 되는 현상이 되고 만다.

CEO의 이런 내적 건조한 현상은 사업의 고공행진 속에서도 작은 출렁임에 극도의 스트레스를 느껴 극단적인 선택을 하는 이들도 있다. 현재 신종 코로나바이러스 감염증(코로나 19)으로 인해 소상공인부터 중소기업 대기업 할 것 없이 모두가 똑같은 심리적 가중치로 CEO들의 육체와 정신의 사막화를 확장하고 있다고 본다.

정부에서도 기업의 가치가 곧 경제 가치로 인식하면서 기업이 생산해내는 콘텐츠 고부가가치의 결과물만을 강요하고 있다.

또한, 근로자의 인격존중과 근로환경의 개선으로 근로자를 위한 다양한 지원이 많이 진행돼 선진형의 사업장으로 탈바꿈을 하였다. 그러나 CEO의 건조한 삶의 육체와 정신을 케어해주는 특수한 형태의 프로그램은 아직 없다.

CEO의 사고, 소통체계를 충분히 수용할 수 있으면서 그들의 신체와 정신을 이완해 주는 프로그램이 필요하다. 앞만 볼 수 있도록 가리개를 가린 경주마처럼 CEO 그들은 그렇게 사업의 성공을 위해서 달린다. 그들이 따뜻하게 여백이라는 휴식으로 스스로를 케어할 수 있는 훈련이 필요하다.

　　기업의 존폐가 CEO의 육체적 정신적 건강과 함께 이뤄진다고 본다. CEO! 그들도 따뜻함이 필요한 사람이다. CEO의 육체적 정신적 사막화에 따뜻한 단비 같은 전문적 치유 프로그램이 필요하다.

　　전쟁을 통해 폐허가 된 작은 나라 대한민국이 세계의 주목을 받을 만큼의 경제성장을 이룬 것은 수많은 크고 작은 기업인들의 희생이 지금의 우리를 풍요롭게 만들어 주었다. 이제는 건강한 기업의 건강한 경영을 위해 CEO! 그들에게 새로운 따뜻한 충전프로그램으로 치유해주어야 한다.

순환 & 소통

귀 인 (歸人)

진동자의 되돌아옴

　페이스북이나 유튜브 채널을 보다 보면 따뜻한 천사들이 여기저기 나타나 순간 위기에 처한 사람들을 도와주거나 구해주는 모습을 동영상을 통해 볼 수 있다. 횡단보도를 지팡이 하나로 지탱하며 힘든 걸음을 재촉하는 노인을 신호등의 기계적 시간은 야멸차게도 사람은 생각하지 않고 기계적 신호를 지키고 있을 뿐이고 노인은 도로 한가운데 버려진 현상을 보게 된다. 순간 어디선가 경찰이 나타나 노인을 업고 횡단보도를 건너게 도와주는 따뜻함에 코끝이 시큰하고 찌릿한 감성이 올라옴을 느낀다.
　어려운 일이 발생해 난감하기 짝이 없는 현상, 혹은 인생의 삶이 무거워 삶을 내려놓고 무기력해져 있을 때 누군가가 다가와 도닥여 준다거나, 자신이 하고 싶어 하는 일에 도움을 주기도 한다. 그 상대가 가장 가까이 있는 사람일 수도 있고, 모르는 사람이 나타나기도 한다. 순간순간 누군가가 천사처럼 나타나 위기에 처한 자신을 도와주고 아무 일 없는 듯 사라지는 현상을 볼 수 있다.

이러한 현상을 옛 어른들이 말씀하시는 것으로 보자면 바로 '귀인' 이다. 귀인이 꼭 명성이 높고, 신분이 높으신 분이 아니라 자신을 위기에서 구해줄 누군가 모두이다. 우리는 흔히 갑자기 좋은 일이 생기거나, 누군가의 도움으로 멋지게 원하는 일을 하게 되면 "전생에 나라를 구했나 보다"라는 이야기를 하기도 한다. 내가 받는 귀인의 도움은 자신이 언젠가 쌓아 놓은 덕(德)을 다시 되돌려 받는 것이기도 하다. 무의식 속에서 자신이 타인에게 조건 없는 사랑을 베푼 만큼 그 사랑의 탑이 귀인이 되어 되돌아오는 것이다.

자신이 쌓은 긍정의 에너지 파장은 자기 생각에서 부터 시작되고 사고하고, 말하고 행동하는 모든 것이 진동자가 되어 공기 중을 흘러 다닌다. 진동자란 흔히 입자와 파동이론에서 얘기하듯 그 진동자가 쌓여서 다시 자신에게로 되돌아온다는 것이다. 대중가요에도 "내가 말하는 데로~"라는 노래 가사도 있듯이 말하고 행동하는 파장이 진동자 에너지로 형성되어 공간을 퍼져나가서 타인들이 만들어 내는 비슷한 파장과 중첩되어 다시 자신에게로 돌아간다. 되돌아오는 시간차는 사람마다 다를 것이고 그것이 긍정의 에너지 혹은 부정의 에너지 여부도 사람마다 다르다. 단지 선행이라는 아름다운 긍정의 모든 현상은 목적 없이 물 흘러가듯 하는 것이 최상의 에너지 파동이 될 것이라고 본다.

노자(老子)는 선행무적(善行無迹)이라 했다. 마음을 비우고 흔적을 남기지 않고 의도된 목적에 의존하지 않을 때 무한한 감동을 준다고 하였다. 감동의 파장은 무한히 넓은 공간으로 퍼져나가 자연의 리듬과 함께 조화로운 진동으로 다시금 자신에게로 되돌아올 것이다. "탁월한 업적을 내는 사람은 요란법석을 떨지 않는다" 하였다. 자연이 그러하듯 아무 일 없는 듯 처리한다는 뜻이다.

따뜻하고 착한 에너지를 많이 만들어보자 마음에서 우러나오는 따뜻하고 아름다운 에너지는 자신의 관상을 바꾸고 자신의 모든 주변 환경을 긍정으로 변화시켜준다. 목적 없는 착한 에너지의 발산은 스스로 자신의 자가 치유가 시작되는 것이기도 하다. 자신이 발산한 에너지는 파동은 자연의 진동 리듬에 합류하여 다시금 자신에게 더 멋진 에너지로 승화되어 되돌아온다. 우리가 목적 없고 무리 없는, 모두에게 이롭고 따뜻한 에너지를 발산했을 때 자연은 우리에게 더없이 아름답고 행복한 에너지를 되돌려 줄 것이다.

운명을 바꾸는 여섯 가지 방법 中

적선 : 선행으로 복과 운을 저축하다.

육체는 죽더라도 그 사람의 무의식에 기록된 정보는 남는다. 정보는 후손들의 계좌로 이체된다. 적선을 많이 해야 팔자를 바꾸고 집안이 잘된다는 명제는 이론이 아니라 500년 임상실험 결과다. 적은 재물로도 하고 마음으로도 한다. 평소 성질 안 내는 것도 적선이고, 고통을 들어주는 것도 적선이다. 강한 적선도 있다. 죽이고 싶은 사람을 살려주는 것이다. 죽일 사람을 살리는 것이야말로 제대로 된 적선이다.

〈조용헌 인생독법 : 조용헌〉

우리가 사는 세상의 힘

물리적 공간의 이해 -양자물리학적 접근법

젤리 같은 이 공간에 매일을 에너지로 쌓아간다. '우주심과 정신물리학'을 저술한 '이자크 벤토프'도 지상에서 80Km 지점의 전리층까지 젤리같은 전자기장 안에 우리 인간이 삶을 살고 있다고 하였다. 사람의 신체가 움직이고 진동하면, 이 운동파장이 주위로 전달되어 인간과 동물 모두에게 전달되고, 이 정전기장은 다시 우리의 신체에 부딪히게 되고 신체 속의 전기 흐름에도 영향을 미친다고 하였다. 우주에 생성된 모든 물질은 중력과 자기장의 힘으로 운영되고 있다. 현대 과학자들은 이 물리적 공간을 이해하고 이것을 통해서 인간의 삶에 이로운 새로운 것들을 창조해 내는 것이다.

자신이 만드는 에너지와 타인이 만드는 에너지, 그리고 하늘과 땅, 자연이 주는 에너지, 또 사람이 만든 무수한 기계들의 에너지가 서로 주고받으며 변화무쌍하게 에너지가 움직인다. 그 에너지는 한 가지의 단순한 에너지로 유지하는 것이 아니라 새로운 에너지로 탄생하기도 한다. 현대물리학 즉 양자물리학은 이 변화무쌍한 에너지의 활동을 연구하는 이론이기도 하다.

　오랜 시간 인문학을 통해 우주의 운동을 이야기 하는 동양철학에서는 '기'라고 표현하고, 서양 과학에서는 그것을 '에너지'로 표현한다. 우리는 오랜 사건 동안 '기'라는 단어로 무궁무진하게 일상에서 표현하고 느끼고 있고 현재도 우리는 일상의 무의식 속에서 사람에게 혹은 오늘의 현상에 대하여 표현하며 살아가고 있다. 때로는 무속적인 평범한 삶의 개념이 되다가 또는 과학적인 학문으로 다가오기도 한다. 누가 어떻게 사용하느냐, 어떤 상황에서 표현하느냐에 따라 개인이 받아들이는 이미지나 가치가 오르락내리락한다.

　눈에 보이지 않는다고 아무것도 느낄 수 없다고 없는 것은 아니다. 가득 채워진 공간을 우리는 무의식으로 가볍게 함께하고 있다. 잠을 잘 때도 일을 할 때도 쉬고 있을 때도 살아있는 무수한 날들 속에서도 죽어서 하늘로 돌아가서도 우리는 물리적 공간 속에서 늘 함께 하는 것이다. 그렇게 수 없는 물리적 순환 속에서 성숙해지고 있다.

　우리에게 주어진 공간의 사용법은 공간의 물리적 환경을 이해하고 나면 너무나 쉽게 사용할 수 있다. 누구나 다 활용할 수 있으며, 굳이 도인이 아니어도 누구나 다 자신의 스타일로 그것을 정립해 나아갈 수 있다. 우리가 흔히 책으로 접했던 선인들의 인문학에도 자신을 수련하고 연마하여 수많은 명언과 인문학 지침서를 후대들에 전달해 주기도 하였다.

이 물리적 공간을 알고 나면 무한히 행복해진다는 것도 알아차리게 된다. 물리적 현상이 나와 함께 열렸다 닫혔다, 솟아올랐다가 내려오고 넓어졌다가 좁아지는 등등의 현상들을 이해하게 될 것이다. 또한, 자연과 함께 자신이 자연의 한 부분이라는 것도 알아차리게 된다. 그것으로 인해 삶의 여유가 생기게 되고, 조급해하지 않으며 화내는 일도 적어지게 되고 마음의 이완이 더 유연해진다. 비로소 스스로 건강한 삶, 치유의 삶을 운영할 수 있게 된다.

치유란 것은 외부 환경도 중요하지만, 자신이 자신을 알아차리고 자연의 힘을 알아차리고 그것을 잘 운영하였을 때 비로소 행복한 치유를 진행할 수 있을 것이다. 잘 나아가다가 갑자기 또는 점차 멈춰지거나 가둬지는 현상을 이해하고 슬기롭게 지나가는 알아차림을 훈련해야 할 것이다.

> 사람의 마음과 의식, 감정에너지는 주변의 모든 사물과 사람들, 환경과 서로 영향력과 정보를 주고받으며 무한대의 시·공간 속에 홀로그램처럼 퍼져 저장되며 그 사람의 현실적 삶의 모습을 만들어나간다. 사람들은 모두 양자얽힘으로 연결된 소립자들처럼 내면의식의 차원에서 연결되어 서로 정보와 에너지를 주고받을 수 있다.
>
> 〈양자물리학적 정신치료 : 신경정신과 의학박사 김영우〉

삶의 신호등

자연과 나

　몇 해 전 지인 스님께서 해주신 말씀이 쉴 때는 편하게 쉴 줄 알고 돌진할 때는 거침없이 나아갈 줄 아는 지혜가 있어야 한다고 말씀해 주신 것이 기억이 났다. 뭔가를 진행해도 이상하게 잘 풀리지 않을 때가 있다. 어떤 땐 가만히 있는데도 저절로 술술 풀려나갈 때도 있다. 어릴 때야 순간순간 뭐가 뭔지도 모르고 하루하루 열심히 살아야 한다는 자신이 설정한 철학으로 앞만 보고 씩씩하게 돌진하던 시절이었다면, 지천명(地天明)의 나이가 되어 알아채기 시작하니 스님의 말씀이 새록새록 생각난다.
　6.25 전쟁과 새마을 시대를 지나면서 삶의 여유라는 단어는 생각할 수도 없는 세대는 먹고 자고 일하고를 반복하는 매일이었다. 자식을 제대로 훈육하고 돌볼 수 있는 여유조차도 없었던 시대를 지나왔던 세대는 한 시대의 훌륭한 징검다리로서 우리가 좀 더 편안하게 삶을 누릴 수 있도록 해 주셨다. 그 위에서 우리는 어떤 모습으로 삶을 지나갈 수 있을까 고민해 보게 된다.
　멈출 줄 모르고 앞만 보고 달려온 시간을 하늘이 멈추게 해서야 알아차리게 된다. 그 멈춤의 시간이 몸을 아프게 만들거나, 일을 멈추게 하기도 한다. 다양한 현상으로 우리는 순간 급브레이크 밟듯 멈추게 된다. 의도하지 않은 멈춤은 몸과 마음을 모두 다치게 되고 상실감에 엄청난 파장이 일어나기도 하는 것을 우리 주위에서 흔히 볼 수 있다. 이런 현상을 멈춤의 신호라고 알아차리는 사람이 있지만, 멈춤의 신호라고 생각지 못하고 그것조차 자신을 몰아붙이며 힘들어하는 이들도 볼 수 있다.

일하다가도 수많은 사람을 만나면서도 쉬어감과 거침없이 나아감을 조절할 수 있어야 할 것 같다. 흔히 길거리에서 마주하게 되는 신호등이 흐름을 조절해서 사고가 나지 않게 하듯 우리 삶에도 신호등이 존재해야 한다고 본다. 자신의 속도에 맞는 흐름, 자신의 그릇의 크기에 맞는 강도, 거침없이 나아가야 할 시즌, 멈추고 내실을 다져야 할 시즌, 조화롭고 부드러운 소통의 시즌 등등의 현상을 알아채고 조절해야 한다. 자연은 그렇게 사계절을 조절하며 운영하고 있듯이 우리 인생의 사계절도 우리 스스로 잘 이해해야 한다.

자연에서 얻는 지혜는 고스란히 자신에게 실천해야 할 지혜와 똑같은 것이고 나아가 자신의 가족과 사회와 소통하는 방법을 자연은 매일매일 우리에게 먼저 보여주고 있다. 자연은 멈출 때 최소한의 생명 유지를 위한 것만 두고 모두 다 줄인다. 자연은 왕성할 때 모두에게 이로운 것들을 아낌없이 내어주며 자연 모두와 협력 공생하며 거침없이 푸르름으로 나아간다. 자연의 한켠인 우리가 지금 어떤 신호등의 신호를 받고 있는지 알아채면 삶이 여유로워질 것이다. 사람마다 신호등의 위치는 다 다를 것이니 자신의 현재 삶의 신호등이 어떤 신호를 보내고 있는지에 대해 집중해야 한다.

 사람은 그곳으로 가기 위해 하늘의 흐름대로 흘러간다는 그것을 하루하루 배우며 지나간다. 사람의 노력은 그저 알아챔으로 인해 자중하고 겸손, 배려와 사랑으로 실천이다. 우리는 한 치 앞도 모른다고 치부하지만 분명하게는 한 치 앞을 모르는 것이 아니라 알면서도 모른 척하는 것이리라 본다. 오늘 자기 삶의 신호등대로 멈추다가 나아가다, 돌아가기도 하는 수많은 사람과 함께 하고 있다. 사람마다 다 각기 다른 모습의 신호등이 아름답다. 세상에 불 켜진 알록달록 아름다운 삶의 신호등, 누구나 존중돼야 할 삶의 신호등인 것이다. 행복이 빈번해도, 힘듦이 빈번해도 모두에게는 성숙으로 가는 강물이다.

> 이완은 전문가에게
>
> 세상을 살면서 긴장은 누가 알려주지 않아도 하게 되지만, 이완은 전문가의 도움을 받아야 가능하다.
>
> 〈조용헌 인생독법 : 조용헌〉

PART 03

콘텐츠 사고의 시작

아쉬운 종갓집 맏손녀

달갑지 않은 세상과의 첫 만남

나와 세상과 만나게 해준 울 엄마는 친정에서 막내로 귀여움을 받고 자라셨지만 외할머니가 너무 일찍 세상을 떠나는 바람에 새엄마와 편하지 않은 시간을 보내다가 아빠와 결혼하시고 나를 잉태하게 되었다.

울 엄마는 친정에서 막내로 성장했으나 종가 맏며느리로 시집와서는 많이도 힘들었다고 한다. 그 와중에 첫 임신에 집안사람들 모두가 기대에 차 있었고, 할아버지는 엄마를 병원에 데리고 가서 진맥을 짚어 손자인지, 손녀인가를 알고 싶어 하셨다 한다. 그때 진맥을 짚은 의사가 "사내아이입니다. 축하드립니다"라는 소리 듣고 할아버지는 조금 들뜬 기분으로 출산 준비를 남자아이에 맞추어 준비하셨다 한다.

대가족을 이루는 그때의 우리 집은 할아버지, 할머니, 아빠, 엄마, 고모 두 분, 삼촌 2분 그리고 막내 할아버지가 결혼하시고 한동안 내외분이 같이 함께 생활하셨다 한다. 지금은 상상도 할 수 없는 가족 구성원이다. 그 당시에는 다들 비슷비슷하게 사는 환경이었지만 말이다.

그렇게 나는 8월 마지막 주, 여름이 조금은 기울어지기는 했으나 여름이 아직도 아쉬운 더운 계절에 세상을 만났다. "어라! 여자아이네" 손자를 품에 안고 싶으셨던 할아버지 할머니께서는 못내 아쉬워하셨다 한다. 그래도 나는 종갓집 종손녀의 위엄을 가족들 품에서 사랑을 독차지하고 살았다고 한다.

울 엄마의 회고에 의하면 그 당시 가족도 너무 많고 아빠 혼자 공무원으로 생계를 꾸리다 보니 쌀밥은 일주일에 겨우 한번 제대로 먹을 수도 없었고, 보리밥에 국수를 정부에서 권장하여 끼니를 해결하는 수단의 중심이 되었다고 한다. 거기에다 결혼 후 새 신부인 울 엄마는 더운 여름에도 한복을 입고 일했었고, 나를 임신하고도 그대로 한복을 입고 일상을 지냈다고 하니 새신부의 스트레스가 만만치 않았으리라 짐작된다.

한여름에 한복을 입은 새댁은 임신하고도 종갓집 맏며느리 임무를 수행하느라 묵묵히 스트레스를 안으로 삭이다 보니 산모 스트레스로 인해 나는 태어나면서 태열[*] 이라는 질병에 고생이 많았다고 한다. 영아 알레르기 증상인 태열로 지금도 코 중간에 흉터가 아주 크게 있기도 하다.

　울 엄마는 태열을 앓는 나를 돌보면서 맏며느리로서 대가족의 살림살이를 도맡아 해야 했고, 부모 말만 잘 듣는 효자인 아빠는 엄마를 도닥여 주지도 않았고, 엄마는 시어머니가 무서워 몸도 마음도 힘들었다고 한다. 순간 나를 두고 짐을 싸서 엄마는 도망을 준비하고 탈출했다 한다. 갓난아기인 나를 재우고 살며시 집을 빠져나가는데 갑자기 내가 자지러지게 울더라는 것이다. 그 소리를 듣고 차마 발이 떨어지지 않아 다시 집으로 돌아올 수밖에 없었다 한다, 이 소리는 아마도 자라면서 백번은 넘게 들었던 울 엄마의 울분 섞인 회고다, "너 아니었음 도망가고 없었다"

> **＊태열**
> 아기가 태어난 후 2~4개월째에 나타나는 알레르기성 피부 질환으로, 아토피성 피부염의 일종이다. 생후 6개월 미만의 영아에게는 아토피 피부염이라는 진단을 잘 내리지 않기 때문에 태열이라는 용어를 사용한다.

　불안했던 울 엄마의 위기를 나의 울음소리로 인연을 잡음으로써 우리 집안의 역사는 계속 진행되었다. 동생이 태어나기 전까지 나는 대가족 속에서 공주마마처럼 대접을 받고 자랐으며, 고모와 삼촌이 제공하는 다양한 호사도 누리고 할머니 할아버지에 묻어 다니면서 온 동네 사람들에게 공주마마 대접을 받았다 한다. 우리 엄마의 회고에 따르면 발바닥이 땅에 붙을 사이도 없이 사람들의 손과 손에서 사랑을 받았다고 한다. 그 후 동생들이 넷이나 태어나고 할아버지가 그리워하던 손주가 태어나면서 나의 후광은 사라져 버렸다. 단지 종가 맏딸이라는 위엄은 항상 쥐여 주셨으니 그나마 다행인 현상이었다. 작은 권력이지만 꽤 괜찮았으니까 말이다.

태어나 오랜 시간 알레르기 질환으로 고통스러워한 것이 기억에 제일 많다. 태열은 영아기 흉터로 나의 얼굴 중심부에 자리 잡아 그 시간을 짐작하지만 아주 어려서부터 초등학교 졸업 때까지 봄바람이 불고 꽃가루가 날리면 나의 몸은 손가락 마디만 한 두드러기가 온몸을 도배하고 만다. 손톱으로 긁지 말라는 엄마의 당부 잔소리가 늘 끊이지 않았다. 그래도 성격이 쾌활하고 긍정적이어서 아파도 그냥 훌훌 털어버리고 지나가 버린 듯하였으나 잠재 속에 늘 알레르기 반응에 대한 불안이 잠재하고 있다.

그렇게 모두의 사랑을 받으면서도 할아버지는 돌아가실 때까지 나를 두고는 "저 녀석이 머슴애로 태어났으면 참 좋았을 텐데"이셨다. 또 춤춘다고 화냥년 짓 한다고 늘 못마땅해하시던 할아버지께서 돌아가시기 전 나와의 마지막 조우 때 "네가 제일 잘한다. 춤 마이 춰라" 하시더니 며칠 후 하늘의 부름을 받으셨다.

그렇게 나는 태어나면서 종갓집 맏 종손이 되지 못한 아쉬운 소리를 늘 듣고 자라야 했고 심한 알레르기 증상으로 순간순간 힘겨운 투쟁을 해야 했지만 그래도 종갓집 첫 손주라 대가족의 사랑을 독차지하고 받은 사랑 때문인지 늘 경쾌하고 긍정이어서 그 후 힘든 시기를 대가족이 쌓아준 사랑으로 지워냈는지도 모르겠다.

엄마의 뱃속에서부터 남자아이였을 것이다. 삼신할미가 어느 순간 여자로 둔갑시켰는지는 하늘의 뜻이지만 순간순간 늘 남성의 에너지가 열정으로 솟구치기도 한다. 이름도 중성적이고 나를 오랜 시간 경험한 사람들은 한결같이 내 안에 남자가 있다고 우스갯소리로 뼈 있게 얘기하기도 한다.

아빠의 유고와 집안의 몰락

부 도

대가족이 한 집에서 북적북적하게 누구에게는 행복이었겠지만 누구에게는 힘들고 고된 삶이었을 거라는 것은 어른이 되고 나서야 알게 되었다. 종갓집 제사가 명절 빼고 5회나 되었으니 명절 합치면 총 7회의 고정된 행사와 가족들 생일, 또 결혼 행사 등을 치러내는 형식을 보며 자라왔다. 특히 제사 때는 할머니께서 주방 일을 거들어 준다지만 며느리 입장의 엄마로서는 그래도 힘든 상황이라 맏딸인 내가 주저하지 않고 항상 엄마 옆에서 잔심부름을 도맡아 하게 되었다. 그렇게 어린 나이에도 불구하고 무의식적으로 종갓집 일을 하게 되어 지금도 주방일, 사람 많이 끓는 일은 무서워하지 않고 뚝딱 해치우는 대범함이 자리 잡고 있기도 하다.

그 많은 대가족 속에 돈벌이하는 이는 아빠 혼자여서 군청공무원이셨던 아빠는 건설업을 자처하며 사업가로 변신하여 한동안 잘 살았었다. 초등학교 때 친구들이 기억하는 나는 70년대 자가용을 타고 다녔고, 스테인리스 보온도시락을 가지고 다녔으며, 반찬도 부러울 만큼 도시락을 잘 싸 왔다고 회고하는 친구들이 많다. 아빠의 사업이 순조롭게 진행될 즈음 삼촌 두 분, 고모가 결혼하여 분가하고 막내 할아버지 가족들도 분가한 후 할머니, 할아버지, 엄마, 아빠 그리고 울 형제 다섯이 비로소 엄청난 대가족의 규모를 그나마 줄여서 살게 되었다.

1979년 박정희 대통령 서거 총기사건이 새벽을 가르고 온 집안을 들썩이게 만든 기억이 난다. 흉흉하기 이를 데 없는 어른들의 탄식과 수다들이 어린 나로서는 무서웠었다. 그 사건을 계기로 내가 살던 구미 경제가 갑자기 휘청거리더니 울 아빠의 사업도 같이 휘청거렸다. 원래 사업은 자금이 원활하게 융통되지 않으면 가장 힘든 상황인데 거기에다 더 부정적 힘을 실어준 건 지인에게 보증서 준 것이 연쇄적으로 터져 부도라는 최악의 상황이 벌어지고야 말았다. 그때가 내가 초등학교 6학년이었고 아래로 동생들이 4학년, 3학년, 남동생이 1학년, 막내는 7세 그렇게 올망졸망 형제가 다섯이나 아직 많이도 어린 시절이었다.

아빠가 새로 지어준 2층 양옥집 1층에서는 엄마가 동네슈퍼를 하고 있었는데 그곳으로 빚쟁이들이 들이닥치면서 "내 돈 내놔"라고 소리치며 남자와 여자가 너덧 명 들이닥치면서 슈퍼는 아수라장이 되었고 엄마는 놀라 쓰러지고 말았다. 그 옆에 있던 6학년짜리 꼬마 여자애는 큰소리로 "사람 죽는 꼴 볼라고 그래 안 나가~ 나가~~"라고 고함을 지르며 쓰러진 엄마의 손가락에 혈을 통하고자 바늘을 찾아 엄마의 손가락을 찌르고 있었다. 체하거나 할 때 어른들이 내게 바늘로 손가락을 찔러 혈을 통하게 한 것이 생각나 순간 응급조치를 나도 그렇게 무의식 속에서 행동했었던 것 같다. 빚쟁이들은 어린 여자아이가 쓰러진 엄마를 보호하려는 의지를 읽어서일까 아니면 자기도 자식을 키우는 처지였을까, 내 고함에 적당히 하고들 사라져 버렸다. 지금 생각하니 난 항상 엄마 옆에서 그런 방법으로 엄마를 보호하고 있었던 것 같다.

그 일이 있고 난 뒤 우리 집은 아무도 그 일에 대해 누구 하나 먼저 얘기하지 않았다. 단지 부도 후 현상을 어떻게 대처하느냐에 대한 것들에 집중하고 있었던 것 같았다. 그 당시 우리 집은 본채를 놔두고도 엄마, 아빠가 기거하던 새 2층 양옥집 외에 전세 월세를 꽤 놓고 있어서 한동안 집세를 받아서 생활하고 있었던 것으로 기억된다. 그것도 한순간이지 부도로 인한 채무 변제를 위해 우리는 아빠 명의로 된 것, 할아버지 명의로 된 것은 부채 변제로 다 내어 놓아야 해서 집을 비워주어야 하는 현상을 어린 나는 늦게 서야 알게 되었다.

삼청교육대 피해자

한순간 아빠가 보이지 않았다. 어린 나로서는 엄마의 근심을 옆에서 느끼는 처지라 아빠가 어디로 어떻게 되었는지 잘 인식이 되지 않았을 때였다. 어느 날 아빠가 대문으로 들어와 마당에 서 있는 아빠는 머리는 빡빡 깎여져 있었고 왼쪽 눈은 빨갛게 핏빛이 들어 있었다. 피부는 검게 타서 어디서 노동을 심하게 한듯해 보였고 모자를 눌러 쓰고 있는 아빠의 모습은 초췌하고 의기소침해 보였으며 뭔가 불안해 보이는 모습이었다.

내가 결혼한 후에야 엄마는 그때 상황을 상세하게 이야기 해주셨다. 아빠는 부도로 인한 경제사범으로 숨어 지내다가 할아버지의 권유로 자수를 했었는데 그게 그만 그 당시 삼청교육대 지령이 떨어져 있는 상황에 머릿수 채우는 억울한 현상이 되어 버렸던 것이었다. 삼청교육대에 입소하고 15일 만에 그곳 병사가 예전 아빠 사무실 직원이었던 분이 아빠는 깡패가 아니라고 뭔가 잘못된 것 같다고 풀어주라고 해서 퇴소를 하게 되어 집으로 돌아오시게 되었던 것이었다 한다. 그런데 그 15일은 지옥이었던 것 같았다. 그곳을 다녀온 후 아빠는 술이 없으면 자신을 지탱하지 못하셨다. 엄마는 그 당시 가족의 생계를 책임져야 해서 노점상을 하게 되었다. 생선, 과일, 채소 등등 엄마가 할 수 있는 일은 다 하셨다. 내가 학교 방과 후 틈이 날 때마다 엄마를 돕는 일이 빈번하여 엄마가 어떻게 장사를 하는지도 틈틈이 옆에서 도와드린다는 이유로 배우게 되었다.

집에서 자기 자신과 싸움에 열중하던 아빠는 엄마가 집에 오면 엄마를 향해 우울 반응을 보였던 같았다. 지금의 심리 정신과적인 현상으로 보자면 현저한 자존감 박탈, 우울, 불안, 의처증, 알코올중독, 대인기피 등등의 반응을 보였던 것 같았다. 때로는 큰소리로 자기 자신의 위치를 확인하고자 가족들을 힘들게 한 때가 너무 많았다. 그때가 내가 중학생이었는데 방과 후 집에 들어가는 것이 공포가 되어 집 앞에서 해가 질 때까지 대문을 열지 못하고 있었던 적이 참 많았다. 그러다 고모네 가서 집 들어가는 것이 무섭다고 하면 고모도 어쩔 수가 없었는지 나를 매몰차게 내몰기도 하였던 기억이 많다. 하루하루가 내게는 지옥이었던 중학교 시절이었다. 그건 동생들도 마찬가지였을 것이다.

꼬박 3년을 알코올 중독자로 사시던 아빠는 1984년 1월 1일 세상과 작별하셨다. 지긋지긋한 세상살이보다는 어쩌면 그게 더 편했으리라고 본다. 나도 어쩌면 공포의 대상이 사라져서 편안하게 삶을 누릴 수 있다는 어린 생각으로 한순간 쾌감이었을 수도 있을 심리 현상이 작동하기도 했다. 그러나 부모가 사라지고 없는 아픔은 겪어보지 않은 사람은 감히 말할 수 없으리라 생각된다. 그렇게 세월이 지나 삼청교육대 피해보상을 받게 되고 아빠의 명예가 회복되어 지금에서야 떳떳하게 회고할 수 있다는 것만으로도 다행이다. 어느덧

37년이라는 세월이 지났지만, 그 억울한 피해는 어린 우리 형제 다섯 명이 어릴 때 트라우마로 고스란히 고착되어 있어 간간이 힘들어하는 현상을 보기도 한다.

그래도 우리 모두는 자신이 하고자 하는 대로 열심히 노력하여 각자의 자리에서 몫을 다하고 있는 중이다. 중학교 동기생들과 만남이 있을 때 나의 중학교 생활에 대해 회상을 하며 이야기를 나누면 나는 그때 기억이 하나도 입력되어 있지 않다는 것에 대해 놀란다. 너무 힘든 현상에 대해서만 입력되어 있고 다른 나머지는 정보는 입력되지 않는다는 것을 나 스스로 임상을 통해 배우게 된다.

맏딸 그리고 희생

　　아빠가 돌아가시고 나는 모든 집안사람의 권유로 상업고등학교를 가게 되었다. "네가 맏딸로서 동생들에게 양보하고 봉사하는 마음으로 상고를 가서 돈벌이하면 엄마에게도 보탬이 되고 좋겠다"라는 일방적인 결정이었다. 나의 의견은 그다지 중요하지 않았으며, 또 내가 반론을 제기해야 할 만한 근거를 확보하지 못한 상황이라 그렇게 기류에 몰려나는 상고를 들어가야만 했다. 그 당시 구미국가공단이 있기도 하였지만, 상고 입학이 최고의 학력을 자랑하는 시대였기도 하다. 학교 성적이 좋은 아이들이 모두가 몰려가는 현상이기도 하던 시절이었다.

　　나는 상고를 입학하면서 놀기 시작했다. 중학교 때 10등 안에 들던 아이가 성적이 맨 뒤에서 노닐고 있으니 담임 선생님의 호출이 잦았다. 그 당시 한 반 구성인원이 70명 가까운 콩나물시루 교실이었다. "너 왜 그러냐? 남자친구 생겼냐? 무슨 일 있냐?" "아뇨 그냥요" 나는 이대 답이 최선이었다. 그런데 학교 체육 선생님이 무용 전공 여자 선생님이 들어오셨다. 교내 무용경연대회를 개최한다는 것이다. 정말 학교가 재미없었는데 그때부터 학교가 너무 재미있어지기 시작했다. 고1 내가 리더가 되어 우리 반을 통째로 안무하여 교내 무용경연대회에서 3등을 했다. 부채춤을 조용필 가요에 맞춰

신개념으로 안무하였다. 2학년 올라가서는 TV로 본 국립무용단 도미부인이 머릿속에 있어 도미부인을 쉽게 재안무하여 1등을 하였다. 그 후 체육 선생님은 나를 불러 학교에서 춤 공부를 하자고 하였으나 뭔가 순조롭게 진행되지는 않았다. 그 후 탈춤을 무용으로 안무하여 학교대표로 경연대회에 출전하여 상도 받았었다 그 장소는 지금 대구 콘서트홀이었던 것으로 기억난다. 그게 무슨 상인지 기억은 나지 않지만 춤추는 열정은 그때부터 대단히도 폭발적이었다.

고3이 되어 입시 준비를 하는 반이 따로 운영되고 있었다. 그 당시 담임 선생님이셨던 손중달 선생님께서 춤에 대한 나의 열정을 아시고는 전문대학교를 진학하라고 권유하셨다. 가정형편은 힘들지만, 등록금만 준비되면 나머지는 아르바이트하면서 학교 공부 가능하다고 긍정으로 저를 격려해주셨다. 긍정의 선생님 말씀으로 마음이 하늘을 날아갈 것 같았으나 방과 후 엄마와 상의를 하니 단칼에 싹둑 거절당하고 말았다. "너는 아빠 대신으로 나를 도와 동생들에게 보탬이 되어야 하니 대학은 무슨 대학이냐, 그것도 무용은 해서 뭐 할래?" 그렇게 꿈의 무지개는 억센 비바람에 몰려 사라져 버렸다.

꿈을 접고 학교 대외 행사만 열심히 하면서 긍정의 학교생활을 마치고 졸업 후 취업을 하고 나니 또다시 춤의 인연은 우연이라는 이름으로 다가와 구미시립무용단 1기 비상임 모집 공고를 통해 89년 구미시립무용단으로 낮에는 직장에서 일하고 밤에는 춤추며 행복한 시간을 가지게 되었다. 신기하게도 무용에 대한 열정을 접어야

만 했던 가정형편과 열악한 사회적 인식 속에도 순간순간 내게 다가오는 춤 출수 있는 기회가 빈번히도 일어나고 있었다.

그래도 울 엄마는 "춤추는 화냥년" 취급하며 춤추는 것에 못마땅하셨다. 공연이 있어도 절대로 와보지 않았으며 동생들에게 내가 하는 것에 대해 언급도 하지 않았다. 늘 "춤을 때려치워라."라고만 독촉하셨다.

돈 벌며 공부하며

춤을 추다 보면 경제적 형편으로 다시 생활전선으로 돌아와야 했다. 정상적으로 배워야 하는 공부의 시간을 조금 틀어서 가는 길이었지만 그대로 배움의 비용, 특히 무용 예술에 꼭 들어가야 할 비용이 엄두가 나지 않아 중간중간 멈춰야 했고, 엄마의 심한 반대의 소리가 폭풍의 파도를 피하고자 춤에 대한 시선을 회피하고 있다 보면 어느 순간 춤은 또 나를 유혹하고 있었다. 그렇게 춤을 추다가 멈추다가 하며 시간을 보내다가 내 나이 서른이 되어서야 나의 본성에 충실하리라 마음먹고는 춤만 바라보고 춤 공부를 해야 하겠다고 다부지게 마음먹었다. 절대로 한눈팔지도 않고 회피하지도 않고 앞만 보고 가겠다고 더더구나 엄마의 말에 또 마음 약해 무너지지 않겠다고 스스로 다짐 또 다짐했었다.

　일해서 늦은 춤 공부하는 데 보태고 모자란 학교 하다 보니 제일 힘든 것은 육체적 고통이었다. 타고난 체력이 좋지 못한 상태여서 집중하고 몰입하다 보면 여지없이 체력 저하 현상으로 몹시도 힘들었었다. 조금 늦은 나이에 무용 공부를 하는 나에게 사람들은 참 많이도 입질하는 것도 있었다. 주류니 비주류니 하는 선 긋기가 비일비재했고, 그것을 알고도 모른 채 가슴으로 삼켜야 하는 심리적 고통도 만만치 않았다. 서울로 가면 덜하고 지방으로 오면 더욱더

심하였다. 말 그대로 그들의 영역에 발붙이지 못하게 하는 특수한 형태의 그늘이 항상 나를 밀어내고 있다는 것을 피부로 느끼고 있었다.

낮에는 돈 벌며 못다 한 춤 공부를 해야 하고 늦은 대학교를 수행해야 하는 현상에서 배운 것도 많았지만 비합리적인 현상도 많았다. 더더욱 전통춤 예술을 기술로 익혀야 하기에 선구자적인 선생님들께서 굳건히 지켜온 위대함과 그것을 지켜가기 위해 수많은 노력을 하시는 것을 보고 배우게 되고, 비합리적인 시스템에서 합리적인 체계를 만들어 가려는 안타까움도 보게 되는 것 같았다.

나의 의지와는 상관없이 상고를 졸업하고 기업체 경리를 하면서 참 하기 싫었던 직업이었는데 현재 나의 사고를 예술 산업으로 이끌어 갈 수 있는 밑거름이 되었던 참 재미있는 현상을 이제는 자신감 넘치게 회고하고 있다. 긴 시간 춤 예술 속에서 함께 하다 보니 어떻게 하면 예술인들이 생산적인 시스템 속에서 누구나 풍요로운 삶을 누릴 수 있을까를 많이 고민할 수밖에 없는 사고 체계를 어릴 때 확고하게 만들어 버린 계기였다.

그렇게 세상을 향한 모자란 바탕을 채우다 보니 무용학 박사학위까지 오게 된 것 같다. 늘 나는 세상에 모자란 사람이었다. 한 가지를 이루고 나서 나를 어필하면 나보다 더 나은 사람에게 밀렸었고, 또 그것을 극복하고 나면 또 뭔가 아쉬운 현상은 내게 계속 일어났었다. 모자란 나를 채우다 보니 국가무형문화재 제92호 태평무 이수자가 되고 무용학 박사학위도 받게 되었다. 그런데 왜 나는 아직도 모자라는 걸까?

아빠가 돌아가시고 엄마와 5형제가 똘똘 뭉쳐 힘든 시기를 지나고 있을 때이다. 그때는 하루하루 살아가기 바빠서 힘든지도 모르고 지나갔다고 다들 회고하고 있다.

병명 없는 신체통증과 춤추는 역마

원인모를 두통과 공황장애

　　태어나면서 태열에, 초등학교 졸업 때까지 봄바람 불면 손가락 마디만 한 두드러기에, 잠자리를 바꾸면 한잠도 못 자는 예민함이 나를 미치도록 괴롭혔다. 어쩌면 치유댄스 비경테크닉을 개발한 것이 나를 치유하기 위함인지도 모른다. 뭐라 형언할 수 없는 것들이 하루도 나를 가만두지 않았던 것 같다. 모기가 물리면 그냥 쉽게 낫지를 않았다. 지금도 그렇지만 어릴 때 물파스 하나로 모든 것이 해결되던 시절 어느 날 모기 물린 나의 다리에 물파스를 할머니가 발라 주셨는데 나는 그만 다리를 움직이지 못하는 이상한 현상을 맞이하게 되어 그날 하루 학교에 가지 못하는 웃기는 일이 벌어지기도 했다. 다리에 힘이 들어가지 않아 일어서지를 못했으니까. 그때가 초등학교 2학년이었다.

유년 시절에는 화장실 가는 행복을 느껴본 적이 없다 항상 변비로 고생을 하니 화장실 갈 때의 아랫배 현상에는 항상 불안 증상이 동반되어 화장실 가는 것이 두려움이었다. 시원하게 쾌변을 하는 것이 소원이었으니까. 치유댄스 비경테크닉을 하며 근육조직, 순환계 조직을 이해하고 나니 배변 고통도 질병이라고 생각한다. 청소년기에 변비약을 먹어도 제대로 반응을 한 적이 없어 배변에 대한 불안과 고통이 오랫동안 참 길고도 길었던 것 같다. 치유댄스 비경테크닉 개발을 통해 나 스스로 자가 임상으로 배변 환경이 개선되어 화장실 가기 위한 약간의 배 아림이 이제는 행복한 일이 되어 있다.

극도의 예민한 현상에 심장이 약해서 겁도 많다. 잠자리를 바꾸면 날밤을 꼬박 새우거나 아니면 설 잠을 자서 온종일 꼬닥꼬닥 힘들어한다. 어른이 되고 난 후 워크숍이나 세미나를 외부로 나갈 때는 술을 좀 많이 마시고 잠을 청하곤 한다. 그나마 그 덕분에 잠을 잘 수 있기는 하지만 제대로 된 숙면을 취하지 못하는 것은 똑같다. 그렇게 예민함이 쌓여서인지, 어느 순간 두통이 심해지는 것이 자주 반복이 되었다. 우리 가족들보다 두통이 심하고 빈번하게 발생해서 두통약을 핸드백에 들고 다녔다. 40대 초반에는 두통약 세 알을 먹어도 차도가 없어 급기야 병원을 찾았다. 병원 진료로는 혈관성 두통으로 진단하면서 특수 진통제를 처방해 주기도 하였다. 의사 말로는 예민함을 조금 내려놓고 이완하여 특수 진통제를 되도록 먹지 않도록 자신을 다스려야 한다는 것이다. 두통이 한번 시작되면 머리 전체가 쿨럭거리듯이 욱신거리며 펌프질하는 것 같다. 머리를 들 수 없고 한쪽 눈을 뜰 수가 없었다. 더더구나 구토증상도 함께 동반되기도 한다. 머리 쪽 촬영을 해봐도 별다른 이상이 없다는 진료소견만이 나를 맞이하곤 하였다.

    2011년 3월 공황장애란 것이 시작되었다. 두근거리는 불안증이 사라지지 않고 2주 동안 지속되며 식욕이 저하됨이 오래되니 체력이 떨어져 일상생활을 유지할 수가 없어 다급하게 치료하기 시작했다. 처음에는 연예인들이 많이 앓는 병이 내게 일어난 것이 신기했지만 막상 몸에 이상 신호를 심하게 보내니 참으로 난감하였다. 한의학, 신경정신과 두 가지 치료를 병행하며 무던히 노력, 조금 진정시키나 싶었었는데, 그해 6월 일로 인한 스트레스가 다시 공황장애를 재발하게 하여 엄청나게 힘든 2년을 보냈다. 그렇게 조심조심 일상생활이 힘들었지만 당장 떨쳐 버릴 수 없는 공황장애와 나와의 공존에 그래도 즐기자는 마음으로 모든 현상을 수용하고 일상을 지내고 나니 점점이 잦아들어 편안한 일상으로 지내게 되었다. 그러나, 2014년 2월 또다시 2차 폭발로 엄청난 고통 속에서 신경정신과, 한의학 두 가지 치료를 병행하며 공황 폭발의 원인이 어떻게 진행되는지도 알게 되고, 재발하지 않게 하려면 어떻게 자신을 조절해야 하는지도 배우게 된 것 같다. 그렇게 무려 8년이나 나를 심하게 괴롭히던 공황장애는 스스로 자신을 따뜻하게 돌보지 않으면 어떻게 되는지에 대해 알려주는 정신적 육체적 성숙을 가져다준 고마운 현상이라고 생각한다.

　박사공부를 하며 동서양 철학을 접하게 되고 지인과 토론을 하다가 양자물리학을 공부해 보라는 권유 때문에 양자물리학을 공부하게 되었다. 동·서양 철학이 인문학적 표현이라면 양자물리는 과학적 표현이다. 그것을 기반으로 현대물리학과 동양사상의 비교·분석한 것들에 관한 공부에 미치도록 몰힙하게 되었다. 그것은 불교철학이 함께 움직이고 있다는 것을 알게 되며 나의 신체적 고통이 어떤 것인지를 알게 되었고, 아직도 서양의 의·과학이 해결하지 못하는 것이 있다는 것도 알게 되었다.

　양자물리학적 접근법에 따른 치유댄스 비경테크닉에 대한 상세한 언급은 다음 기회로 돌리고 싶다. 동양철학 사상과 현대물리학 비교연구가 많이 이루어지고 있다. 나도 좀 더 쉬운 형태로 우리 몸을 중심으로 펼쳐 나아가야 할 것 같다는 생각을 한다. 지인 스님께서 2016년 1월 조언해 주신 말씀이 "비경보살은 쉽게 전달해 주는 기능이 아주 좋아요"라 하셨다. 처음에는 무슨 얘기인지 몰랐지만 6개월이 흐른 후에야 스스로 자각하고 알아차림이 일어났다. 내가 경험하고 수용하며 이해한 것들을 이제는 학자로서 모든 이들에게 쉽게 전달해 주어야 하리라는 것을 알게 된다.

　병원에서 병명이 없는 고통은 늘 우리 주위에서는 신병으로 치부해 버리는 오해를 많이 불러일으킨다. 나도 그런 소리 정말 많이 들었었다. 그 속에서 심리적 고통도 많았고 그것을 논리적으로 해명해 주는 이도 없었고, 종교도 그것을 해결해 주지 못했다. 나는 늘 혼자 원인을 찾으려고 부단히 노력했지만, 속 시원히 해결해 주는 이는 없었다. 스스로 노력한 결과 다양한 선 지식인들의 연구 자료에 의해 그것을 발견해내고 치유댄스 비경테크닉을 개발하며 자기 임상을 통한 방법에 따라 이제는 평온한 심신을 찾았으며 심신의 안정이 얼마나 행복이라는 것을 나 자신의 통증 회복을 통해 알 수 있었다.

춤추는 역마살과 세상보기

▲ 오방살풀이

나만의 춤을 추어야 할 시기가 온 것 같아 오랜 시간 숙련된 선생님들의 춤을 기본 바탕으로 하고 나 자신만의 오방살풀이를 완성하였다.

숲을 보는 사고와 분석력

　어려서는 학교 친구들과 미주알고주알 수다에 섞이지 못했다. 친구들이 얘기하는 것을 들으면 아무것도 아닌 것들을 사건화시킨다든지 조금 넓게 보면 아무것도 아닌 일들을 난리 난 것처럼 떠들고 다니는 일이 내게는 별 관심의 대상이 아니었다. 수다가 일어나면 나는 그냥 듣는 편이었고 대화에는 아예 접근을 못 했다 어떤 단어로 어떻게 섞여야 할지를 모르기 때문이었다. 지금 환경에서 보면 은근한 왕따이기도 한 현상을 보이기도 하였다.
　어떠한 현상을 보면 허점이 제일 먼저 나의 눈에, 나의 사고에 들어오고, 또 그 현상을 조금 크게 넓게 보면 허점이나 비어있는 현상이 보인다. 그렇게 사고가 크고 넓게 보다 보니 작은 수다들은 관심이 없어지고 진행하는 일의 규모도 작지 않고 스케일이 커지는 듯하다. 그러다 보니 예산 규모도 만만치 않게 커져 버리는 현상도 많아 일을 제안하다 보면 늘 그 부분에서 부딪히고 조율이 힘들어 일이 뒤로 미루어지기도 하지만 기회가 있으면 거침없이 대범하게 일을 처리하게 된다. 이럴 때 종갓집 맏이의 특유 기질을 여지없이 발휘하게 되는 것 같다.
　박사 공부를 하며 서양철학을 접하게 되면서 불교철학과 비교 분석을 시작하고 있었다. 그 후 동양 철학사상에 접근하게 되고 서

경덕의 화담집을 읽고 있으니 지인의 권유로 양자물리학을 접하게 되었다. 그 후로 현대물리학과 동양사상(프로 초퍼 카프라), 춤추는 물리(게이리 주커브), 리얼리티 트렌서핑(바딤 젤란드) 등을 읽어 치웠다. 말 그대로 일반적으로 쉽지 않은 책들을 밥 먹듯이 읽고 수용하고 지식의 알아챔에 혼자 들떠 행복해하고 있었다던 것이다.

무용사회에서만 교류하는 것이 아니라 포괄적인 다양한 사람들과 교류를 하고 있다. 예술인이기에 예술인들과 자주 볼 것 같지만 나는 반대로 예술인들과는 자주 어울리지 않고 사업가들과 자주 어울리는 편이고, 학자분들과의 토론이 훨씬 더 즐거운 행복이다. 다양한 분들과 이야기를 나누다 보면 그곳에서 나의 사고는 사통팔달로 뛰어다니면 함께 사고를 교류하고 있다. 인연 중 주역을 하시는 선생님 두어 분이 내 사주를 보시더니 천재라고 얘기해 주셨다. 나의 머리가 사통팔달 잘 돌아다닌다는 것은 알고는 있었지만, 타인을 통해 그 단어가 직설적으로 듣게 되니 조금은 씁쓸하였다. 일상생활에는 그다지 사용할 수가 없다는 것이다. 지금은 학자로 연구에 에너지를 사용하며 그 얘기는 그냥 기분 좋은 얘기로만 치부하고 일상생활에 적응하고 있다.

지인 스님께서 내게 추천한 공부가 명리학이다. 일명 사주 보는데 사용하는 명리학을 공부해 보라 권유했다. 처음에는 안 하겠다고 쓸데없는 소리 한다고 했더니 스님께서 옛날 학자들은 모두가 이 명리학을 공부해서 자기 자신을 닦고 연마하는 데 사용하였다고 하며 내게 권했다. 그렇게 공부가 시작되고 어느 정도 익히고 나서 나의 사주부터 면밀히 분석하게 되었다. "햐~~~ 내가 이런 기질을 가지고 태어나 살고 있구나~"라며 신기하기도 하였고 힘들 때마다 찾아간 철학관 무속인들이 하는 얘기가 이런 것이었구나 하고 탄식 섞인 말들이 주저리 쏟아내며 잔잔히 명리학 공부를 이어 나오고 있다.

천오백 년이 넘는 자평명리의 역사도 알게 되고, 나의 근본도 알아채고, 양자물리학을 먼저 이해하고 있으니 과학의 에너지의 다양한 모양새를 인문학으로 멋지게 표현해 놓은 그 옛날 동양인들의 지혜가 너무 멋지게 느껴져 즐겁게 명리학을 공부하게 되었다. 제대로 접하지 않으면 남용하게 된다는 것도 스스로 알게 되고, 한 사람의 사주를 짧은 시간에 전 인생을 평가하는 것도 오랜 시간 연마한 전문가가 아니면 감히 함부로 평가해서는 안 된다는 것도 알게 되었다. 명리학 얘기는 이만큼만 하고 나의 분석력이 타고난 기질인 것은 명리 데이터 분석으로 알아채니 이상한 것이 아니라 나의 특장점인 것이다.

양자물리학 접근법으로 춤 운동의 중요성을 그것도 완만한 체계의 한국무용이 물리적 환경에서 우리 인간의 육체와 정신을 이완하는 데 좋은 역할을 하리라는 것은 감각적으로 이해하고 있지만, 과학적인 데이터를 통한 증명도 필요한 것 같다. 그렇게 치유댄스 비경테크닉을 개발하게 된 것이다.

　전국을, 해외로 공연, 여행을 다니면서 보고 배운 것 또한 콘텐츠 연구 개발이라는 부분으로 칼럼을 통해서도 언급을 하고, 세미나를 통한 토론 자리에서도 꼭 필요한 부분들을 이야기하고 있다. 또한, 지역을 크게 통으로 보고 각각의 특수성을 수집하고 그것을 연결해야 하는 기점에 놓여 있다고도 얘기하고 있다. 무수히 많이 지어놓은 하드웨어 콘텐츠들이 그냥 널려져 있어 이것들을 스토리텔링을 통해 엮어야 하고 지자체 단일의 노력보다는 지자체끼리 엮어서 보다 광역적인 연결이 필요한 시점이라고 본다. 이제는 거대한 네트워킹이 필요하다. 세련된 마케팅 기법도 지자체는 아직도 미숙한 편이다. 서울 경기를 따라잡는 것이 아니라 글로벌로 나아가는 것에 초점을 두었으면 한다. 좀 크게 놀자. 우물 안 개구리가 되지 말고 틀을 과감히 벗어던지고 넓고 큰 사고로 나와야 할 것이다. 예전에는 살아 남기 위한 육체적 싸움이었다면, 현재의 살아남기는 고도의 심리전과 디지털 게임이다. 디지털 게임이라는 의미는 디지털과 관련된 다양한 전략 전술을 의미하는 것이다.

참고자료

[국내도서]

- Itzhak Bentov 지음, 류시화, 이상무 옮김 〈우주심과 정신물리학〉 정신세계사, 2019.
- 경상북도 북부권 발전 전략, 경상북도, 2021.
- 김영우 지음. <양자물리학적 정신치료> 전나무숲. 2020.
- 노자 지음, 김원중 옮김 〈노자〉 글항아리, 2013.
- Daniel J. Sidgel, MD 지음. 윤승서, 이지안 공역 <알아차림> 불광출판사. 2020.
- 강길전, 홍달수 지음. <양자의학> 돋을새김. 2013.
- 이정숙 지음. <한국무용치료의 이해와 적용> 이담. 2018.
- 조용헌 지음. <조용헌의 인생독법> 불광출판사. 2018.
- Fritjof Capra 지음. <현대물리학과 동양사상> 범양사. 2012.
- Vadim Zeland 지음. <리얼리티 트랜서핑> 정신세계사. 2019.
- Gary Zukave 지음. <춤추는 물리> 범양사. 2016.

[국내논문]

- 강준영, 한국무용과 ICT융합 콘텐츠개발에 관한 연구, 단국대학교 대학원 박사논문, 2019
- 강준영, 한국춤과 ICT 기술융합의 현황과 비전연구, 한국문화융합학회, 2018.

[사   진]

- Aero Kang, (Instagram계정)
  https://Instagram.com/aerokang?igshid=1rzhe4js89ehg

飛炅 강준영

- 단국대학교 한국무용전공 박사
- 국가중요무형문화재 제92호 태평무 이수자
- 사단법인 예락 이사장
- 통합예술치유 콘텐츠 연구회장
- (사)보훈무용예술협회 경상북도지회장
- (사)보훈무용예술협회 상임이사
- (사)무용역사기록학회 이사
- (사)한국디지털정책학회 이사
- 경상북도 지역혁신협의회 전문위원
- 경상북도 관광혁신위원회 전문위원
- 경상북도 문화예술관광 정책자문위원

[수상경력]
- 전국국악경연대회 무용부분 대상(2008)
- 2019대한민국 균형발전 유공자 표창장(균형발전위원장상)
- 국가균형발전 의원회 제4기 지역혁신가상 수상(2021)

[콘텐츠 개발]
- 통합예술동작치유 비경테크닉(2020)
- K-Arirang Show(2017)-ICT융복합 전통춤예술 관광상품기획제작
- 여원무(2016) – 국가무형문화재 제44호 경산자인단오 여원무
  지역콘텐츠 문화예술관광상품 기획제작

[공연기획 및 안무]
- 비경의 전통춤(2011~2020) - 개인공연 7회
- 창작오페라 능소화 하늘꽃 안무(2017,18) - 대구 오페라 하우스
- K-Arirang Show 기획연출 및 안무(2017.09)-경북도청 동락관
- 국립민속박물관 토요상설 공연(2017)
- 평창올림픽 성화봉송 구미시 지역축제 축하행사 기획 및 연출(2017)-구미시

[강연]
- 국가균형발전 박람회 지역혁신가 수상자 혁신사례 강연(2021)
- 코로나블루 해소를 위한 중소기업CEO, 소상공CEO 치유무용을 통한 케어캠퍼스 강연(2020~21)
- 통합예술동작치유 비경테크닉 강의(2020~2021)
- 구미공단 청년팩토리조성 세미나 강연(2018)
   -도시재생을 통한 사업지 연계 문화도시 조성방안
- 구미미래포럼세미나 강연(2018)
   -도시재생을 통한 혁신, 문화, 예술, 관광 도시조성 방안
- 경상북도 교육연수원 직무연수강연(2008~13)-유아국악교육지도법
- 어르신 강사파견사업 강연(2006~07) -유아국악교육
- 경상북도 시설종사자 실무연수 강연(2004)
- 한국무용 중심 문화예술교육 강의 20년

그 외 수 많은 국내, 해외 공연 및 기획연출을 진행하였고 다양한 한국무용을 중심으로 융.복합 콘텐츠 및 다양한 콘텐츠를 연구, 개발하고 있으며, 이것을 통해 문화, 예술, 관광, ICT융합, 통합예술동작치유 관련 분야에서 다양한 강연을 수회 진행 중이다.

콘텐츠가 돈이다.

ⓒ 강준영 2022

2022년 5월 20일 초판 1쇄 인쇄
2022년 5월 25일 초판 1쇄 발행

지은이: 飛炅 강준영
펴낸이: 안우리
펴낸곳: 스토리하우스

등   록 | 제324-2011-00035호
주   소 | 서울특별시 종로구 자하문로 301
전   화 | 02-3217-0431
팩   스 | 0505-352-0431
이메일 | chinanstory@naver.com
ISBN | 979-11-85006-37-6

값: 14,800원

* 이 책은 저작권법에 따라 보호받는 저작물이므로 무단전재와 무단복제를 금지하며 이 책의 내용을 전부 또는 일부를 이용하려면 반드시 저작권자와 스토리하우스의 서면동의를 받아야 합니다.
* 잘못 만들어진 책은 구입한 곳에서 바꿔드립니다.